图说天下·国家地理系列

今生要去的100个
风情小镇

赵晓玉 著

北京联合出版公司
Beijing United Publishing Co.,Ltd.

图书在版编目（CIP）数据

今生要去的100个风情小镇 / 赵晓玉著. -- 北京：北京联合出版公司, 2017.6（2025.7 重印）

（图说天下.国家地理）

ISBN 978-7-5596-0412-5

Ⅰ.①今… Ⅱ.①赵… Ⅲ.①乡镇-旅游指南-中国 Ⅳ.①K928.9

中国版本图书馆 CIP 数据核字（2017）第 111286 号

今生要去的100个风情小镇
JINSHENG YAOQU DE 100 GE FENGQING XIAOZHEN

著　者：赵晓玉
选题策划：七彩虹图书
责任编辑：肖　桓
文图编辑：白海波
美术编辑：张鹤飞
封面设计：罗　雷
版式设计：罗筱玲
图片提供：视觉中国
　　　　　北京全景视觉图片有限公司

北京联合出版公司出版
（北京市西城区德外大街83号楼9层 100088）
北京天宇万达印刷有限公司印刷　新华书店经销
字数180千字　787毫米×1092毫米　1/16　12印张
2017年6月第1版　2025年7月第11次印刷
ISBN 978-7-5596-0412-5
定价：19.90元

版权所有，侵权必究
未经书面许可，不得以任何方式转载、复制、翻印本书部分或全部内容。
本书若有质量问题，请与本社图书销售中心联系调换。
电话：010-82021443

前言 Foreword

去哪里放飞被四角的天空拖曳住的心灵,聆听青山绿树碧草蓝天的恣肆呼吸,感受散漫放任的浮生快意,追寻历史车轮碾过后留下的斑斑残迹?你可以轻松释开所有重负,在这里起程。

向着快乐出发。不论是江南水乡的温婉柔美,还是徽派建筑的古朴坚毅;无论是西南边陲山林深处的奇异民居,还是国界近旁充满异域风采的宁静小镇,更无论是好客的村民、弯曲的小径、路边遍野的小花、花草间嘤嗡啾啾的蜂蝶飞鸟……一幅幅如梦中剪影般优雅的美丽,召唤着我们远离都市的喧嚣,追寻童年的家园。

向着快乐出发。红叶飘飞时,漫步在浪漫塔川的千亩树林;看黄果树瀑布群旁布依族人的石头寨,光怪陆离,品乌镇的浪漫,赏德夯的挺拔;坐在小镇室韦那圆木堆砌的小屋里喝着伏特加,听马头琴乐声悠扬,看俄罗斯姑娘翩然起舞……

你手中的这本书,正像一叶扁舟,虔敬当舵,真诚为桨,满载笑声行进在浩瀚的快乐海洋,连空气里都溢满了快乐的味道。乘风远航,向着快乐出发!

contents 目录

Chapter 1
随意春芳歇——边陲寻梦

丽江 尘不沾衣美浸髓 ………………………… 2

大理 吃茶看花，悠悠经年 ……………………… 6

香格里拉 梦想中的伊甸园 ……………………… 10

和顺 茶马古道的余香 …………………………… 12

沙溪 被现代文明遗忘的角落 …………………… 14

西江苗寨 环佩铿锵，苗家歌舞动地来 ……… 18

石头寨 布依人的"世外石屋" ………………… 20

青岩 梦回吹角连营 ……………………………… 22

岜沙 最后的枪手部落 …………………………… 26

肇兴 白云生处有人家 …………………………… 28

丹巴藏寨 绝美之地出美人 ……………………… 30

黄龙溪 万般风情集一身 ………………………… 34

街子 天水归源的诗人故里 ……………………… 36

洛带 最是客家古情缘 …………………………… 38

桃坪羌寨 神秘的"东方古堡" ………………… 40

磨西	千年冰川门户	44
中山	天赐的蓝宝石	46
涞滩	渔火燃波影	48

Chapter 2
画船听雨眠——梦回水乡

周庄	中国第一水乡	52
东山	千帆过尽独悠然	58
锦溪	江南闺秀柔如水	60
同里	太湖明珠	62
木渎	秀绝冠江南	66
枫桥	江枫渔火对愁眠	68
光福	湖光山色，洞天福地	70
甪直	难识地名，难忘古镇	72
朱家角	上海威尼斯	74
乌镇	有疑天颜不老	76
西塘	为你梦萦魂牵	78
郭洞	今生梦寐无尽时	80
南浔	地道老滋味	82
绍兴	流觞曲水参差是	84
婺源	花海衬水墨	86
李坑	小桥流水人家	89
晓起	油菜花黄香樟古	92

Chapter 3
一生痴绝处——水墨徽州

宏村 清泥小巷画中人家 …………………… **96**

查济 情迷悠长巷道 …………………… **98**

呈坎 水墨画就美千年 …………………… **100**

西递 桃花源里人家 …………………… **102**

卢村 精致木雕第一乡 …………………… **106**

唐模 徽派园林的奇葩 …………………… **108**

塔川 最爱红叶飘飞时 …………………… **110**

南屏 梦中的桃源 …………………… **112**

Chapter 4
春来遍是桃花水——南方印象

芙蓉镇 遗落风尘的净土 …………………… **116**

凤凰 斯山,斯水,斯人 …………………… **118**

德夯苗寨 青山隐隐古风存 …………………… **121**

培田 凝固的诗章 …………………… **124**

长汀 客家风土意,幽幽美山城 …………………… **126**

周宁 神鳞戏谐的梦幻之地 …………………… **130**

塔下 情迷塔下 …………………… **132**

泰宁 美丽无法抗拒 …………………… **134**

阳朔 时光流转之地 …………………… **138**

大圩 青山怀古意,绿水衬幽情 …………………… **141**

黄姚 诗意氤氲群山宠 …………………… **144**

兴安 水摇街映，楚越要津 ……………… **148**

大旗头村 雕梁画栋别有村 …………… **150**

沙湾 龙狮之乡，飘色之地 …………… **154**

塘口 碉楼有意，历史无情 …………… **156**

Chapter 5
帝里风光好——凝望北国

平遥 走进历史的时光 ………………… **160**

皇城相府 木浓荫茂的名相故里 ……… **164**

碛口 九曲黄河第一镇 ………………… **166**

静升镇王家大院 民间故宫 …………… **168**

乔家大院 古老又常新的记忆 ………… **170**

党家村 黄河岸边的明珠 ……………… **173**

额济纳 如火的胡杨，如泣的黑城 …… **176**

附录 ………………………………………… **178**

Chapter 1

随意春芳歇—— 边陲寻梦

今生要去的100个风情小镇

丽江 *Lijiang*

尘不沾衣美浸髓

丽江所能给予人的是什么？就漂浮在脑海里面的那些印象而言，或者一时还真的难以为之定义。如果说它是一个美丽的女子，那一定是先受了对于丽江女子温柔可人的印象的蛊惑；若说那是一株寂寂寥寥的大丽花呢，则又明显偏颇地失之于小细节。

在丽江，一个打马走过的行人所能体会到的情绪是极多的，而取其中的哪一种作为对丽江的综述似乎都不会太合适。就这样，丽江流于一些无法被整合的印象，就像太多时候无法被整合的生活一样。当然，有一点或许对于丽江的风格来说是相宜的，那就是无处可以排遣的寂寞。行走在其间，它仿佛是一座闭合的城，被自己那太殊于别的城市的气氛所禁闭，仿佛这是全天下最不可复制的城。这里的道路不一样，这里夜晚的星星不一样，这里的人群不一样，这里的歌声不一样，这所有的区别让人觉得寂寞，让人觉得此间的生活跟以往脱节了。

丽江是一座寂寞的城，但要为这种寂寞取一种态度的话，怕是没有人会不喜欢这样的寂寞。丽江的寂寞，是一种严肃的有主题的寂寞，就像我们停留在一株花前回想往事时所经常觉得的那样，我们不会觉得自己先前的日子有多空乏，却往往在将那些心事一一放回原处时黯然神伤。

丽江又叫作大研镇，因为其古城方方好似砚石一样，现在人们则更习惯于称之为"四方街"，一个顶热闹的去处。这座古城并没有太长时间的历史可以追寻，大概修建在宋末元初元世祖征讨大理的时候吧。在明朝末年时，阖

2 | Look>>

古色古香的丽江
石板路两旁林立着各式古朴建筑,这里有喧嚣的店铺、各色当地特产和如织的游人。

> "这里有着**别样的**道路和星星,不一样的**人群和歌声**,这所有的一切,让人觉得你与**世界脱节了**。"

旅程随行贴

最佳旅游时间: 一年四季。但如果是秋冬季节赶上高原雪景,则别有一番风韵。

必吃美食: ❶ 鸡豆凉粉:夏季凉吃,加上辣椒和醋成为酸辣口味的,清爽开胃;冬季热吃,需要煎炸,再放入一些调料;两种吃法风味差别较大。❷ 纳西烤鱼:辣椒、花椒和花生铺满了鱼身,皮脆肉嫩,外香里鲜。鱼肉的调味恰到好处,既能感受到佐料的渗透,又不失鲜美。

今生要去的100个风情小镇

▶ **街头手工纪念品**
丽江繁华的街头有各种纪念品售卖，朴素、稚拙，具有独特的民族气息。

❶ **古镇的水车**
悠悠轮转的水车，带走了曾经的岁月，留下的是丽江不变的风情。

❷ **水边木楼**
木楼枕水而建，在红灯笼和绿树的映衬下，别具一番魅力。

▲ **黑龙潭**

黑龙潭山中有水,水中有山,山水相映,景色无比秀丽。

城就有了上千户人家。古城的样子确实古色古香,却不因此显得过于富贵。朱漆的门户,随风飘拂的水帘,青石铺就的大道,这一切都自然而朴素得让你以为自己在不经意间走回了古代。步行在青石道上,时光像是慵懒地停了下来,耳边沁人心脾的音乐慢摇着一种如梦的旋律,道路边上的鲜花那样匆匆忙忙地开着,好像执意不肯荒废掉分秒的春光。所有的一切都让你感受到一种久违了的感觉,好像我们一直企盼着的那个可以带给我们心灵宁静的地方终于被找到了,而我们都不再是此间人情风物的过客。

四方街里有一条穿拂而过的河,这是一条在浓郁的纳西文化气息里浸泡了太久的河流,以至于染上了丽江的寂寞而不能自拔。河水来自远方城外山脚下的清泉。入夜,借着半街昏暗而温暖的灯光,穿行过日里繁华的街道,一家一家的窗户里面透出色调不一样的灯光,整个古城被缭绕在一种表现得过分厚重的人情味里面。在街道的尽头,垂柳的树下,河水静静地流淌着,带着数百年前那样呜呜咽咽如小孩子轻声抽噎一样的流水声。河灯是预备好了的,只期待一个愿望便可以被放下水里去,然后随着流水渐行漂远……

在丽江的城北,从城内可以眺望得到的,是同云天摩接在一起的玉龙雪山。从这座雅适的寂寞之城望见那座终年笼着积雪的雪山,不知怎的,总要为原本寂寞的心情加上几分怅寥寥的宁静,以至于原本客居的情怀突然渴望在这里安营扎寨,久住下去。下半生去丽江吧,从此卜居于雅适的寂寞。

崇圣寺三塔

崇圣寺三塔西对苍山应乐峰,东对洱海。三座塔鼎足而立,千寻塔居中,两小塔南北拱卫。

大理 *Dali*

吃茶看花,悠悠经年

　　苍山和洱海之间的风景绝对不同于你在世界的其他地方所熟悉的那般。洱海是画中才有的高原湖泊,倘若要为它寻一个合适的词语来描摹一番的话,只有"明媚"二字;然而如此二字又如何能道尽这里的风景独好?所以,洱海的存在,对于人们描写风景的语汇和修辞法是一个极大的考验。

　　高原的太阳赋予这片水域以无限光感,在碧蓝的一片沧浪之上,水拍云崖暖,而风势却凛冽生寒。颠扑的水浪在视界里渐行渐远渐无穷,最终,在尽头飘着一线白

西街

西街上以酒吧居多，间错着也有许多卖各色艺术品的门面，这里是阳朔最热闹的地方。

▼ 拱桥和亭子

湖水、亭子、小拱桥，在这里，你可以找到最惬意的假日幸福。

西街不愧是洋人街，不时有一群外国人在路边喝咖啡，悠闲自在。大概是因为外国人比较多，西街的古董店也很多，木雕、徽章、古碗等小玩意儿应有尽有，一条街就像是一个博物馆。在这里用心寻找，不要计较到手的是不是真正有年头的古董，即使是些仿制品，也能带给你有趣的体验。

西街的夜晚，随着灯花迷离，在酒吧、水吧、餐吧享受夜生活，则是另一种享受。

感染了这里的闲散气氛，不忍向前。

沿着水边来到兴平老街，这里的一切都带着回忆的味道。道路不是最古老的，却能引起人们对儿时乡间的回忆——旧得似乎要被岁月消磨掉的青石路，路边有小狗旁若无人地啃着骨头。

老街两边有许多老人，他们半闭着眼睛抽烟，对于过客们好奇的目光毫不理会。横七竖八的电线穿过街心，把街巷分割得有点凌乱，麻将的声音不绝于耳，悠闲的狗似乎比人还多，不时回头看着过客。如此平淡而祥和的老街，住在这里的人很满足地生活着，而路过这里的我们，穿街走巷，从喧嚣中走出，仿佛回到了童年。

穿过老街，登上游船，近距离接触漓江，才发现江水很深，但仍然看得到水底的植物和卵石。那近乎透明的浅绿，干净得叫人怀疑江中的鱼儿能从这么洁净的水中自己蹦出来。

漓江的山水在眼前缓缓而过，各种形象的山峰石像——呈现，还有许多美丽的传说。柔山秀水，流光飞舞，几只鸟儿不时掠过天空，在游人们的眼前增加了一道美丽的风景线。山上的绿树裹着淡淡的水汽，偶尔一两块暴露出来的赭红色山体上，有几个攀岩的人在岩间跃动。风景在你眼中，你亦是别人眼中的风景。

游完漓江，在沉醉中回到阳朔，体验小资的人们开始在西街游荡。西街上以酒吧居多，间错着也有许多卖各色艺术品的门面，这里是阳朔最热闹的地方。百年的青石板路上，不同肤色的人们，怀着相同的迷梦走到这里。时光在这里的流转不再古朴，而是镀上了一层美妙的金光，悠闲不只印在每个人的心里，也挂在每个人的脸上。

阳朔 Yangshuo
时光流转之地

桂林山水甲天下，阳朔堪称甲桂林。既然已到阳朔，阳朔的山水定是要细细品味的。西街的尽头就是举世闻名的漓江，江水是碧绿的，是绿茶般清雅的颜色，只要坐在江边，就会觉得清爽。江面虽宽，水流却不急，天空的云朵行进得也很慢，在山与水之间洒下各种造型的阴影，仿佛天空与江水也

旅程随行贴

地理位置：广西壮族自治区

最佳旅游时间：四季分明、日照充足的阳朔4～10月是最佳旅游时间。

必吃美食：❶ 啤酒鱼：当地最负盛名的美食。红红的浓汤裹着大块色泽浓郁的鱼肉，鲜香里带着些许辣味，足以把五官都调动起来。入口，肉质丝丝细嫩，辣味和鲜味的混合能满足任何挑剔的味蕾。❷ 田螺酿：口感韧而嫩滑，香味绵长鲜美。加上淡淡的薄荷味和三花酒味，够味够辣，堪称阳朔菜肴中的一绝。

漓江风光

漓江像一条青绸绿带，盘绕在万点峰峦之间，奇峰夹岸，碧水萦回，削壁垂河，青山浮水，风光旖旎，犹如一幅百里画卷。

▲ 泰宁最负盛名的岩寺——甘露寺

  与众不同的是泰宁古街，其中央用三块粉红色的条石并列铺起一条"道中道"，两边镶砌卵石。步入街旁的人家中，可以看到"品"字形的"三角灶"，以及人死后用八人抬的"高肩槺"。据说这三样原本是宋代紫禁城里皇家才能享用的规格，而这种特殊待遇是状元邹应龙用智慧为家乡争取来的，现在已成了泰宁独有的习俗。

  古城最有名的建筑就是朱德、周恩来的故居陈宅了。位于泰宁县城内原梨树下街的陈宅，依炉峰山麓而建，拥有3个大厅及附属房共18间，四围筑有封火墙。由于朱德总司令、周恩来总政委等红军领导的住处在梨树下街上，工农红军政治部机关等也设在此，故此街又被群众称为"红军街"。

  从古色古香的红军街，可以去古城墙。站在古城墙远望，可以看到另一个泰宁。绿荫中时隐时现的小山，烟波浩渺的湖上游艇、渔舟、木筏，与水光山色融织成一幅绚丽的水墨画。

廊，船到此处必须小心翼翼。

　　穿过这幽谷迷津，前行不远，就是一线天了。一线天原是荆棘丛生、人迹罕至的深涧峡谷，湖水升高后，山谷成了深潭，窄小的山峡成了仅容一小艇单向行驶的半千米长的"水上石巷"。一线天虽然窄小，但其崖壁上却长着奇花异草，清冽的泉水如音乐一样汩汩流淌。清泉滴滴滚落，在阳光的折射下，如飘洒在空中的银珠，熠熠生辉。

▶ 泰宁地质公园内神采奕奕的老翁石

▼ 大金湖
大金湖色如渥丹的浅滩，在夕阳的映照下，如鎏金一般泛着光芒。

　　更妙的是过了狭窄的水道，人如入了深深的"井底"。四周山崖合拢，高达百米左右的绝壁把你封闭起来，迫使你成为"井底之蛙"，只能坐井观天。丹崖凸入湖心，碧水深入山腹。回首"一线天"，不仅"上有天光一线"，而且水中"下有荧光一脉"，造就了独具特色的"水上一线天"！驶至石巷尽处，巷口豁然洞开，一个形如巨盆、四周是五座峭壁环绕的圆形小深潭呈现于眼前。两股清泉沿石壁泻下，水流潺潺，珠光闪闪，令人恍如误入仙境。

　　泰宁处处是景，泰宁古城不仅有千姿百态的丹霞地貌，有浩瀚如烟的湖水，也有许多古建筑与名人故居。从金湖回到古城，如回到从前。

◀ 一线天

水上一线天被誉为"世上少有，国内罕见"。

清晨的泰宁，是从碧波澄澈、鸟翔鱼跃的大金湖开始的。金湖，是金溪新湖的简称，其中林木葱郁，丹峰竞秀，泉瀑争奇，可谓"山有武夷之美，水有漓江之秀，石有黄山之奇"。

泛舟湖上是最惬意的事。沿湖而上，前行不远，白水漈瀑布便迫不及待地撞入你的视线。白水漈瀑布位于金湖北面的会水漈。瀑布的上游是峨眉峰的九栋岭，溪水沿涧一路逶逶迤迤，于漈头汇集，后由漈头的窄峡中骤然跌落，形成瀑布。瀑布由两层组成，相距100多米，上层的是斜漈瀑布，下层的是水漈瀑布。水从断崖中咆哮奔出，又骤然从断崖上跌落，如狮吼、虎啸，声如洪雷，远观瀑布宛如白练悬空，故名白水漈瀑布。

正前行时，突然，一条溪涧和一条山路横亘于眼前。溪涧和山路两边都是石壁山，崖壁陡峭如削。溪涧汇集成湖后，水势上涨到了山腰，溪涧和小路在此变得极为狭窄。由于石壁垂直如刀削，两壁崖顶紧紧相依，只能看到天光一线。船到航道直角处，又在东、北方向各分一线天，故名"水上二线天"。二线天航道如一条迂回曲折的水上走

今生要去的100个风情小镇

泰宁
Taining
美丽无法抗拒

潺潺溪水

振成楼

　　是相识多年的老朋友。他们喜欢与你把酒共餐。夜晚，如果夜宿小村，窗外总有小虫在低声呢喃，河水的哗哗声也更清脆起来，阵阵微风带着一股未名的花香，伴着饭桌上的美味，和着甜糯的米酒一起下肚，便开始有了"酒不醉人人自醉"的场景。

　　塔下，就是在不经意间，把秀美的风景、淳厚的民风以及一种叫作"幸福"的感受，铭心刻骨于记忆里。

绿色掩映下的古镇民居

今生要去的100个风情小镇

塘口
Tangkou

碉楼有意，历史无情

碉楼
碉楼楼身高大，构造结实，建筑风格不拘一格。

今生要去的100个风情小镇

沙湾 *Shawan*

龙狮之乡，飘色之地

沙湾，一个闻名于穗、港、澳的珠江三角洲古镇。因为建在古海湾半月形沙滩畔的"猪腰岗"上而得名。

如果12月下旬来沙湾，就可以去石门香雪访梅。观赏石门香雪的最佳时间是每年12月下旬至次年1月上旬。那时，数百亩梅花竞相开放，投身其间，到处是繁花似雪的美景，风起时，香风阵阵，疏影横斜，幅幅梅花绽放图赫然眼前。

石门森林公园不仅有梅林，还有红叶3000多亩。每年11月，这里泼染山红，瑰丽如画，慕名观赏红叶的人，络绎不绝。

除了梅花与红叶，沙湾久负盛名的便是"沙湾飘色"。"沙湾飘色"是沙湾古镇从明末清初流传至今的民间艺术，被誉为南国民间艺术奇葩。"沙湾飘色"以游动队式的立体舞台来表演，每一板色都以一个150厘米长、77厘米宽、63厘米高的色柜做小舞台。台面上坐立的人物造型称"屏"，凌空而起的称"飘"，两者由一条精心锻造的钢枝（称"色梗"）连成一个有机整体来表现某一故事。"沙湾飘色"一般是在每年的农历三月初三表演。当天一大早，沙湾东、南、西、北四大村的"一竹三坊十三里"的17个有飘色表演传统的地方便热闹起来。整个巡游队伍连绵两三千米，浩浩荡荡，如一条巨龙，所到之处，鼓乐齐鸣。

在沙湾一带，除了飘色，就是闻名遐迩的沙坑醒狮了。南海是黄飞鸿的故乡，乡人爱习武舞狮的传统在沙湾得到了发扬光大。表演时，盘、游、翻、滚、缠、穿、腾、戏等技术动作一气呵成，其高低快慢的起伏，极富狮的形神意韵，让人目不暇接。

宝墨园

园内溪水环绕，巨树丛丛，风景奇丽

▶ 文塔

这一笔形古塔,塔下有两方石:大者如砚,小者如印,组成一个"文房四宝"齐全的人文景观,寄希望后代"读书做官"之意。

▲ 雕梁画栋的屋顶

❶ 锅耳状屋顶

屋顶造型象征官帽两耳，意为"独占鳌头"。

❷ 大旗头村民居与田园一角

　　大旗头村古建筑群外观最独特的，是屋顶的锅耳形状的装饰。这种具有"珠三角"地域特色的造型象征着官帽两耳，又称"鳌鱼墙"，后引申为"独占鳌头"之意，只有拥有功名的人才能采用。在大旗头村放眼望去，几乎每一幢宅子的两端都高耸着鳌鱼墙，形成了交织起伏、动感十足的整体轮廓线，远远地望去，非常别致有趣。

　　不仅是排水系统，古村百年前的防盗、防火、防风和防漏设施也设计得天衣无缝，村内机关满布，各种防盗设施可说是一应俱全。两层构造的屋檐，高高的石脚，高达两米多的气窗，镶嵌铁条的窗口，无形中形成了一道固若金汤的防盗网。

　　位于村东北角的文塔是大旗头村最为有名的景观，是供奉文曲星的神塔。在民间传说中，文曲星手执一笔，掌握着文人们的功名和命运，谁被此笔点中，便可在科举中取得功名。因此，文塔的外形细长高直，如笔般直插云霄，六角形金字尖顶砖木结构，石砌塔基和塔身，高三重。塔的左面植有榕树，右侧为壮硕的木棉，象征着人文和自然相互融合。

　　古村最初并未有这么大规模，随着一房一房分下去，分到房子的人不但自建房屋，而且还会在周围建祠堂、家庙，久而久之就形成一片整齐密集的村落。如今见到的大旗头村的房堂，是经历了漫长"分房"过程的一个结果，处处透着粤中民居家族繁衍史的气息。

　　离古村不远是北江大堤，北江大堤绿榕成荫，木棉依依，风景如画。江边还有几座海鲜坊，据说是吃河鲜的有名的一个地方，也是游人于大旗头村的最后一站。

　　起风了，锅耳形山墙的老房在留恋的视线中渐渐模糊，沉淀在记忆中的一切像鲜花一样怒放……

▲ 牧人和民居

大旗头村所有的房屋都是一个模样，三间两廊式样，两边都有门与小巷相连，在厅堂两边则对称地布置着两间卧房。

◀ 大旗头村的特色民居

大旗头村，这个具有独特建筑风格的清代村落，经历了百年风雨，依旧保持着自己独特的风格。

慈禧召见郑绍忠，知道他连家都还没有时，就下旨拨重金让他在老家建房。于是，他在大旗头村建成了祠堂与家庙兼备的聚族而居的建筑群。

徜徉于村内，远远地望去，大旗头村真的是气势不凡。与众不同的是，整个村子坐西向东，建筑纵横贯通，排列非常严整。据说，这样的布局让古村冬暖夏凉，足以抵御湿润气候的侵袭。

整个村子南面开放，北面封闭，前低后高。大旗头村这种规划科学的严谨布局，让它在排水方面有了无与伦比的优势。在村里，随便走进一个院子，都可以看到院子里斜斜的地面，也许站在这样的地面上，你很不习惯，但这对于排水却很有利。在大旗头村，你会发现每栋房屋之间的窄窄的青石板街。青石板街的功能不仅仅是通行，街边的石板每隔数米就被凿空成铜钱的形状，这是其下有暗渠的记号。下雨时，屋檐的雨水就会排到天井小巷，再由"渗井"泄入暗渠，然后污水顺着地势一直被送到村前的水塘，再排往河道。正是因为有着如此合理先进的排水系统，兴建过百年的大旗头村，即便是在暴雨季节，也没发生过积水浸街的事件。

Daqitoucun
大旗头村
雕梁画栋别有村

　　已有百年历史的三水大旗头古村，是珠江三角洲地区较有代表性的清代村落，其密集整齐、小巷纵横、棋盘式的布局，颇具粤风古韵。去大旗头村最好是傍晚时分，夕阳的余晖下，曲线优美的锅耳形山墙，看上去柔情似水，甚为迷人。

　　背靠雷岗主山的大旗头村是清代北洋水师广东提督郑绍忠的家宅。郑绍忠一向深得慈禧的器重，据说当年

◀ 青石板街道

灵渠分南北两渠，主要包括铧嘴、天平、渠道、陡门和秦堤。"铧嘴"就是大坝，内高外低，由石块相扣相衔砌成，500米长的铧嘴远远看去，如一条紧锁在湘江源头里的巨龙。站在南渠与湘江古道之间的秦堤上，只见柳树成荫，渠水似镜。柳树下，水阶上，顽童笑闹嬉戏，少妇提篮洗衣，此情此景，让人不由得想起灵秀轻盈的江南。

灵渠一路逶逶迤迤向前，穿过兴安县城。兴安人把灵渠穿越兴安城的这段水路，叫水街。水街摇曳多姿，一路生辉，两岸古色古香的铺面鳞次栉比，青瓦白墙的民居、木雕花门窗的楼台亭阁，娴静如闺中少妇，成熟而韵味十足。

沿着水街两岸的石板路，拂叶穿花般过了亭台楼阁，如同回到了从前。在水街，随便推开一扇玲珑雕花的门窗，那淌不尽的悠悠古意便蜂拥而至，湖广会馆前的砖雕照壁就是其中最为出名的景观。兴安的砖雕照壁在国内举世无双，是唯一的一座国内规模最大的双面人物陶塑砖雕，更是兴安水街名副其实的"镇街之宝"。砖雕照壁制作精美，砖雕上的观音、四大金刚、八仙等人物活灵活现，十分可爱。

水街景色是异彩纷呈的，"小桥流水人家"之下，是闲庭信步的古镇居民。流水之上，是千姿百态的古桥，其中比较有名的是万里桥、马嘶桥、接龙桥。

与水街相比，北门的"秦文流觞"似乎更具秦风古韵，让人流连忘返。"秦文流觞"取"代承秦汉文化，祝愿百姓吉祥"之意，由一品居、三槐第、九井坊三组颇具古韵的建筑群组成。

要在舒畅的日子寻一种神秘的诱惑，就来兴安吧，这里任何一个犄角旮旯，都会给你一种意外与惊喜。

❶ 灵渠一角
流淌了千年的灵渠如今成了避暑的好地方。

❷ 夜色笼罩下的兴安

大圩 *Daxu*

青山怀古意，绿水衬幽情

古朴的大圩镇，自电影《刘三姐》在此取了很多外景后，便成了许多人心驰神往之地。大圩古镇是桂北的水陆码头，在秦始皇开灵渠使湘漓连接之后逐渐繁荣。自清代至民初，陆陆续续地建了13个码头。现在，保存较好的码头有5座，其余多毁损。

除水路交通枢纽外，大圩还是著名的集市贸易集散地。明清时，大圩已是南北商贾云集之地，各种商行应有尽有。大圩老街都依漓江岸边修筑，顺着漓江绵延两千米长，不宽的街道上铺着青石板，街两侧是保存完好的老房子。老房子多为青砖、青瓦的两层明清建筑，均由门前、天井、正房、厢房、后院组成，风格独特，既实用又精致。

▼ **大圩古镇**

大圩用它多情的漓江水、古朴的青石板，营造了一个纯净的世外桃源。

到了大圩，不能不去看万寿桥。万寿桥位于镇区东段，始建于明代，为木结构单拱桥。桥拱高8米，跨度16米，桥面宽3.5米，长9.5米。桥面用青石板嵌成，桥两侧有护栏，四角是四个造型美观的石狮，桥面与桥拱均呈半月状，远观非常别致，似青龙卧江。桥面的石头已被磨得溜滑发亮，间杂着的小草将古桥点缀得更为美丽端庄。

清末民初，万寿桥旁的东方街及一侧的河滩曾是大圩的主要圩场，每到赶圩日，过往行人便络绎不绝。如今，圩场北移，但古桥仍为影视人所钟情，影视剧如《花桥泪》《拔哥的故事》等都曾在这里取景。

幽静古朴的大圩，还有一道让人眼前一亮的风景线，那便是古东村蝴蝶山麓的"八瀑九潭"瀑群了。瀑群与冠岩地下河同源于潮田乡肥塘村的蝴蝶山巅之"天池"，水质清冽透明，凉爽甘甜。瀑布有的如鸳鸯戏水；有的呈白色透明状，如蛟龙喷水；有的水跌入深潭，溅起层层水雾浪花，烟雨迷蒙。

拾级而上，瀑布两岸林木葱郁，鸟语花香。山脚下，是郁郁葱葱的亚热带雨林，林中，隐蔽幽静，风过处，风起林动，令人赏心悦目。如果深秋时节到此处，又可见"霜林尽染，漫山红遍，红叶铺满山径"的美景。

"小小竹排江中游，巍巍青山两岸走。"坐上竹排在古东水洼上轻轻滑行，大圩用它多情的漓江水、古朴的青石板、古色古香的老街、形态各异的瀑布，为那些游走于山水间的人，营造了一个纯净的世外桃源。

❶ 石桥

古朴的石桥，静卧水上，看岁月变迁。

❷ 大圩古老民居

古镇特色屋顶

今生要去的100个风情小镇

黄姚 *Huangyao*
诗意氤氲群山宠

黄姚，一个矗立于漓江下游的古镇，因港剧《茶是故乡浓》和《酒是故乡醇》在此拍摄取景而声名鹊起。宜人的景色淡泊宁静，不着修饰，特别是在阳光明媚的早晨，当阳光透过林间树叶的缝隙暖暖地洒落在小溪上时，人们会感觉自己到了仙境。小镇很小，却有八条老街。石板街铺得最早的那一段距今已有300多年的历史，叫山根寨，是清朝顺治年间铺砌的，由于长时间的踏踩，街中心的石板已踩成槽状，成为当地有名的老街。东门楼至榴李街，是清朝康熙、乾隆以后铺设的。

八条街道全由青色大石板镶嵌而成，由于石板街路面铺接技术精湛，近看平滑

旅程随行贴

地理位置：广西贺州昭平县东北部

最佳旅游时间：每年的9月下旬到11月上旬。

必吃美食：❶ 黄姚米粉：要现做现吃，米粉因为新鲜出炉，有着鲜米香，嚼起来也很有弹性。❷ 九制话梅：黄姚的九制话梅可谓是"十蒸九晒，数月一梅"，最后成为肉厚干脆、甜酸适度的话梅。

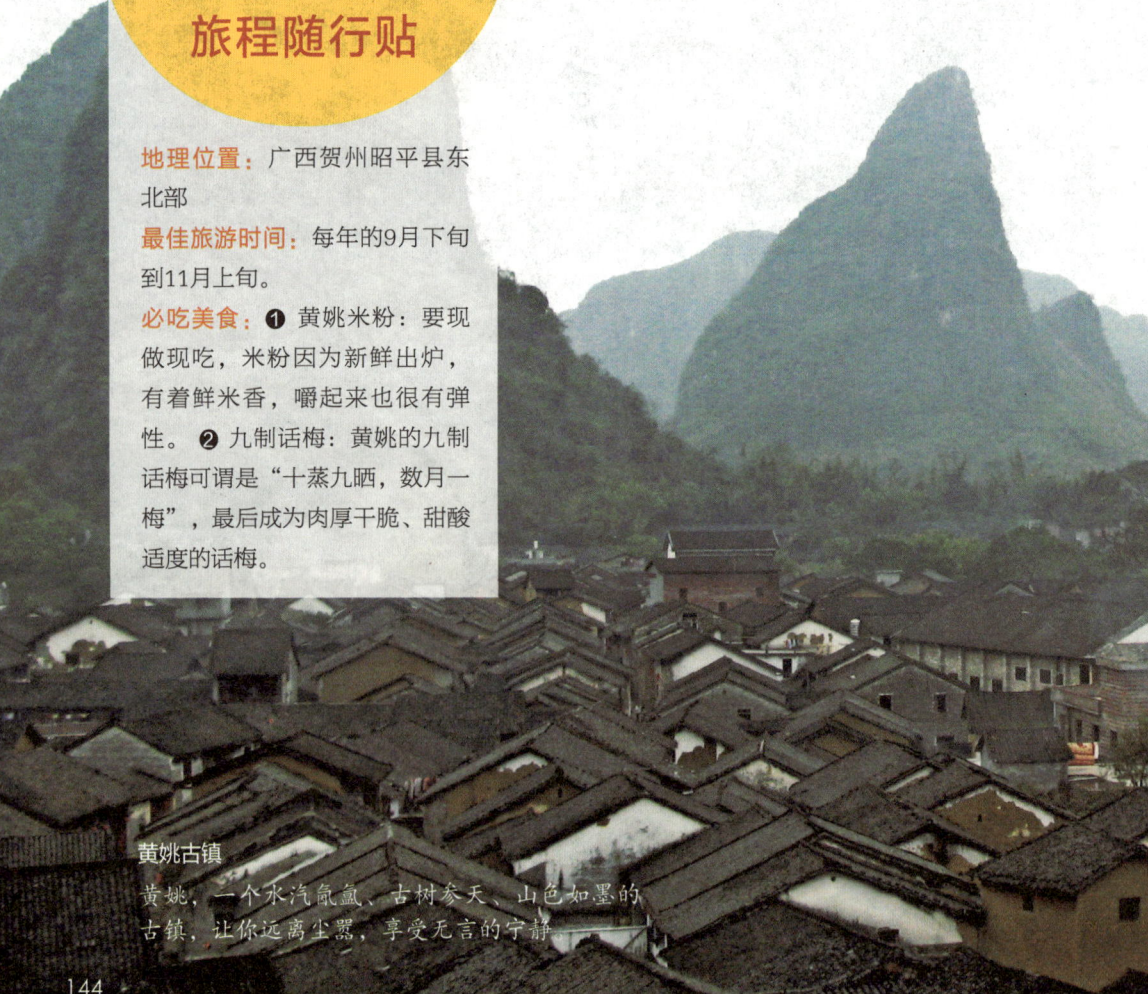

黄姚古镇
黄姚，一个水汽氤氲、古树参天、山色如墨的古镇，让你远离尘嚣，享受无言的宁静。

如镜,远观则如凝固的溪流。其中一青石板街上,有一块一米长的鱼形石,鱼形石有如鲤鱼翻滚街间,现在已成为街心的雕塑。

从金德街出来,向前走,途经双重门,阳光突然就如瀑布般倾泻而下,散落于双重门,此时的双重门让人感觉恍如梦境。在暖暖的阳光下,黄狗慢慢眯起了眼;阿婆靠着门槛在做针线,阳光从脸上一寸寸移开;一群鸡走在巷里,是那样的旁若无人……

古镇就是这样一个充满诗意的地

▲ 墙体斑驳的老房子

方,经年的美丽无须刻意寻找,只要沿着石板路慢慢走,就能在不经意间发现。

乾隆年间,黄姚街市非常繁盛,街区绝大部分建筑群已初具规模。又由于从前的村镇老死不与外面往来,处于半封闭状态,古老的民居、众多的文物古迹便得以幸存下来,并形成了山水岩洞多、亭台楼阁多、寺观多、祠堂多、古树多、楹联匾额多的景色,以及有山必有水、有水必有桥、有桥必有亭、有亭必有联、有联必有匾的独特风景线。

在黄姚,牌匾就是建筑的脸面。或许正因为如此,在黄姚许多古老的宅子中,牌匾随处可见,并都被完好地保留着。其中最引人注目的是一块题写"且坐吃茶"的横匾,是清代乾隆年间的题匾,曾被列为"中华名匾"之一。

桥是古镇的特色,带龙桥,为古黄姚最为有名的桥之一。它始建于明

▼ 古镇人家

古镇人家屋檐下悬挂的灯笼给老房带来了无限暖意。

◀ 老街

由青色大石板镶嵌而成的街道，少有人走，已钻出许多小草。

代万历年间，重修于清乾隆二十三年（1759），距今数百年。桥有大小两种孔，大孔为石灰石拱砌，横跨在深长的石槽上，小孔在大孔两端。桥头右边怪石嶙峋，石隙上有古树数株，树荫下有一钓鱼台，稍下有一大石，形状如龟伏于江滨，人称"乌龟爬沙"；另一大石形似骆驼，人称"双峰骆驼"。最美丽的是雨后的景色，站在桥上，远处烟雨迷蒙，青山如黛，桥下是奔腾的流水，绝对的心旷神怡。

古镇被群山环绕，那平地而起的座座孤峰中，以田螺山最为险峻，岩壑雄奇，造型奇特瑰丽。田螺山前溪流涓涓，溪上小桥，桥长孔密，连绵的拱形如古罗马的引水渠。山随着湖水走势点缀于各处，与千年古树交相辉映，构成一方和谐世界。文明阁在古镇外的田螺山上，地势位置极佳，已有400年的历史。文明阁的主殿中供奉着关公和观世音菩萨的神像。由于年久失修，主殿已经略有倾斜，主殿旁一间小厢房的墙壁已经有点坍塌了。

由文明阁顺着曲折的山道而上，便可看到依山而建的"豁然亭"和"有声亭"两个小亭。站在峰巅，可以将古镇尽收眼底，清丽秀美、碧绿如黛的姚江、珠江、兴宁河一路蜿蜒，将古镇紧紧地环抱着，远远望去如三条绿色的玉带。

从文明阁远眺，还可以看到草坪、牛羊，可以看到菜园，还可以看到村民们洗衣用的极有地方特色的水池——仙人古井。井水十分清澈，里面有许多鱼儿，游来游去，十分可爱。仙人古井有饮用、洗菜和洗衣三种功能，因此，这里每天早上都聚集了很多用水的妇人。三个女人一台戏，平淡的家长里短经过她们的伶牙俐齿后，变得情趣横生。

与其说黄姚是一座古镇，不如说它是一部民居文化史。黄姚的房屋多为两层的砖瓦结构，建筑精美，其砖雕、石雕、木雕都有高超的工艺水平，古建筑的梁柱、斗拱、檩椽、墙面、天花板上的雕梁画栋，可谓千姿百态，栩栩如生。

古镇有11座宗祠，宗祠占地面积一般都在26.4万平方米以上，规模雄伟壮丽，装饰豪华考究，结构合理。宗祠一般要安放祖宗牌位和祭祀必需的东西，也有一些宗祠里设有专供读书的书屋。因为当时的建筑工匠都来自湖南，因此各姓氏宗祠建筑风格基本一致，砖石结构，琉璃构件均采用广东佛山产品，历经百年沧桑，仍然金碧辉煌。

由于土地贫瘠，可耕地少，现在的黄姚，像大多数乡村一样，年轻人差不多都外出打工了，于是，古镇上见得最多的也是老人和孩子。碧波荡漾的小河，寂寥而悠长的街巷，古韵犹存的院落，带给人的是无言的宁静。

这时，人们可以站在黄姚店家的屋顶阳台上看风景：远处，偶有人从一排过河的垫脚石上走过，便惊起一群知春的水鸭；小鸟时而从枝头跃起，一阵颤动后，枝头又归于沉寂，好像一切都没有发生过……

古村落的马头墙

兴安

水摇街映,楚越要津

　　在许多人眼中,兴安是一座不怎么有名的古镇,但古镇小桥流水中,那淌不尽的悠悠古意,微微凉风中,那吹不去的楚越旧情,对寻古探幽的人而言,无疑是一个最好的去处,这里任何一个犄角旮旯都可能藏有惊喜。

　　南距桂林57千米的兴安,可谓历史悠久,其境内有秦始皇开凿的世界上第一条人工运河——灵渠,与四川都江堰、陕西郑国渠齐名,著名文学家郭沫若先生称之为"与长城南北相呼应,同为世界之奇观"。它与那些千姿百态的桥一起,为古镇增添了无限的意趣,行走其间,让人心荡神摇。

❶ 党家村四合院
多为狭长的四合院，与北京的正方形四合院大同小异。
❷ 党家村

Dangjiacun

党家村

黄河岸边的明珠

　　党家村与闻名中外的平遥古城全然不同，又有别于祁县乔家大院。它是以村寨合一的形式整体设计而成的。由于其建筑的精巧、保存的完整，在国内也极为少见，因此被称为"东方人类古代传统居住村寨的活化石"。

　　步入党家村，可见其阡陌纵横，错落有致。经历了近700年的风霜雪雨，现依然是"瓦屋千宇，不染尘埃"。党家村建筑是以四合院为单位的，狭长形的四合院与北京的正方形四合院大同小异，每个四合院都有一个高大气派的门楼，门楼上镶嵌门楣，上书"登科""经明"或"吉庆有余"的文字。两侧厢房大都有两门两窗，或者

>> **Look** 173

> "乍来的老夏，亲说的老与门楼，精致的'文昌阁'，华美的'节孝坊'，瓦围十字，大旅无权，如置身于往日的光辉岁月。"
>
> ——书亲道

▲ 在右道地的居民小巷

家家村里那些相连一座座的四合院紧紧相连，街巷上已经荒凉，看其一种孤寂浪古的发达方的砖瓦城市的风貌，只有从那些磁石的痕迹，看到未年关系于这家村几边有没有祖先的足迹的延续，五上一路风刻着采刻玩技具，就连门后的书的有多，图案上的方块，天井 图案，让人很觉得有一般典基土文化的气息。总计四周米，用房外墙

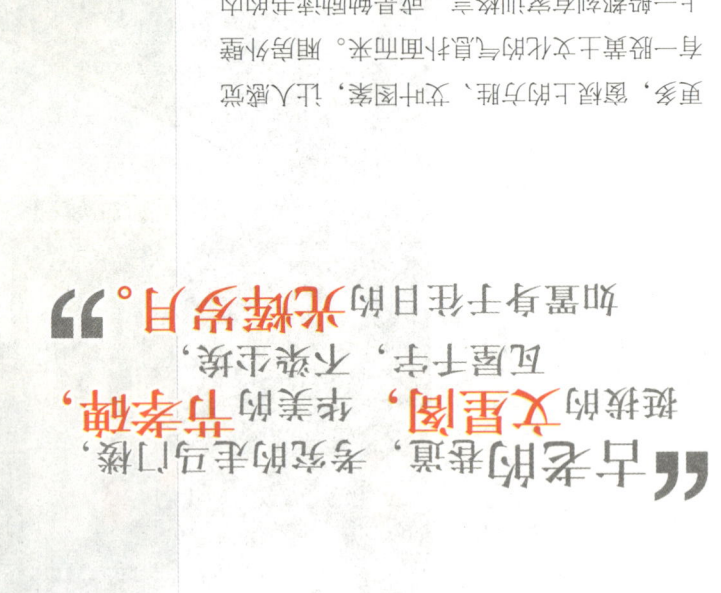

附录

林坑
湮没深山的璞玉

地理位置： 浙江
旅游旺季： 年平均温度在18℃左右，四季皆适合旅游。
必看之景： 古老的木屋、小桥流水
当地美食： 笋、溪螺

蟠滩
泛光的鹅卵石古镇

地理位置： 浙江
旅游旺季： 4～10月皆可
岁月年轮： 早在998年，这座重要河埠便成为繁华集镇。
必看之景： 龙形古街
当地美食： 敲肉

泰顺
穿过岁月有廊桥

地理位置： 浙江
旅游旺季： 四季皆可
岁月年轮： 1452年建县，定名"泰顺"，取意"国泰民安，人心归顺"。
必看之景： 古廊桥、汀布
当地美食： 茶叶、婆饼

虹关
香樟树下墨飘香

地理位置： 江西
旅游旺季： 春季
岁月年轮： 始建于南宋，由詹姓人创建。
必看之景： 千年古樟、通津桥、留耕堂

汪口
春愁飘古巷，一水绕村庄

地理位置： 江西
旅游旺季： 四季皆宜
岁月年轮： 1110年建村。
必看之景： 俞氏宗祠、青山、碧水、滩林、异石
当地美食： 荷包红鲤鱼、糊豆腐

思溪
烟雨迷蒙梦中村

地理位置： 江西
旅游旺季： 3月
岁月年轮： 始建于1199年，已有800多年的历史。
必看之景： 油菜花、廊桥
当地美食： 蒸米粉肉、清明果

李庄
毓秀仙源

地理位置：四川
旅游旺季：四季皆可
岁月年轮：已有1400多年的建镇史。
必看之景：张家祠、禹王宫、魁星阁
当地美食：蒜泥白肉

西来
与古榕共连理

地理位置：四川
旅游旺季：全年适合
必看之景：文峰塔、成都战役纪念馆、船棺、戏台
当地美食：米花糖、蛋苕酥

平乐
古川南蜀道的"清明上河图"

地理位置：四川
旅游旺季：3～6月和9～11月
必看之景：平乐九古
当地美食：奶汤面、汤白肉、叶儿粑

虞山
十里青山半入城

地理位置：江苏
旅游旺季：春、夏、秋
岁月年轮：距今已有3000多年的历史。
必看之景：兴福寺、虞山剑门、拂水清岩
当地美食：蕈油面、叫化鸡

黎里
安然入睡寻日迟

地理位置：江苏
旅游旺季：初夏时节，田塍麦香。
必看之景：柳亚子故居、端本园、周公傅祠
当地美食：套肠、油墩

金泽
江南第一桥乡

地理位置：上海
旅游旺季：3～5月，春暖花开是最佳时间。
必看之景：颐浩禅寺、天皇阁桥
当地美食：白水鱼

◀ 立园

立园布局优雅，独具匠心，既有中国园林的韵味，又吸收了欧美建筑的西洋情调。

塘口最有特色的是它林林总总的民居，它们大多都有着自己的特色，广东省四大名园之一的"立园"就是其中的杰出代表。

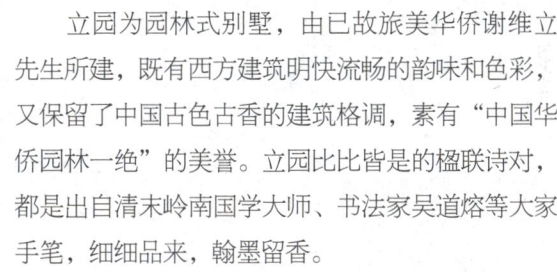

立园为园林式别墅，由已故旅美华侨谢维立先生所建，既有西方建筑明快流畅的韵味和色彩，又保留了中国古色古香的建筑格调，素有"中国华侨园林一绝"的美誉。立园比比皆是的楹联诗对，都是出自清末岭南国学大师、书法家吴道熔等大家手笔，细细品来，翰墨留香。

除了园林建筑，最能代表塘口建筑特色的还有那些形态各异的碉楼。塘口碉楼千姿百态、形式多样，既深含中国传统文化的底蕴，又带有浓郁的欧美文化气息。在建筑风格上，既有中国传统硬山顶式、悬山顶式，又有哥特式、伊斯兰式、巴洛克式和洛可可式风格的建筑要素，享有"令人震撼的建筑艺术长廊"的美誉。

坐落在潭江支流镇海水河西岸的冲积平原的自力村，是碉楼群落保存最完整的一处，现存碉楼9座和居庐6座（西式别墅），其中远近闻名的碉楼有龙胜楼、养闲别墅、竹林楼、振安楼、铭石楼等，每一座碉楼都有一个动人的故事。

碉楼一般都设有枪眼，据说是为了防御土匪劫掠。先是配置鹅卵石、碱水、水枪等工具，后又有华侨从外国购回枪械，枪里装上碱水，待土匪靠近楼体时就对其眼睛喷射，眼睛受伤后，土匪的战斗力就丧失了。

Chapter 5

帝里风光好——凝望北国

今生要去的100个风情小镇

平遥 *Pingyao*
走进历史的时光

这座城市在建立之初的好些年间，都被作为守边的城池而使用。周宣王曾在这里筑城御猃狁，嬴政也曾在这里加筑工事，直到明朝初叶时，这里被加筑到历史上最大的规模，我们今天所看到的平遥古城，就是这一时期城址的遗留。

而今让平遥古城在人们的意识里面熠熠闪光的，是另外一段故事。余秋雨曾经在自己的书中讲述了晋商的一些长长短短，那是平遥的名字在另一种新的历史纪元里为人们所乐道的理由。在明清时候，这里曾经聚集了被称为晋帮的巨商富贾。这是一群有头脑的生意人，他们并不满足于自己在积聚财富上所取得的成就，对于当时的国民经济，他们有更为远见的认识。于是，就在那些于今看来深居简出的陋巷里面，他们建立了一个国家最早的金融体系，这是一些以"汇通天下"为己任的票号，循着旧日马车在石道上碾压形成的辙痕，我们可以找到清朝的第一家票号——日

▼ 汇武林武术陈列馆
民国初期平遥著名八卦掌拳师王伦先生的旧居，三进青砖青瓦四合院，幽静封闭。

▼ 平遥镖局
镖局是专门为人保护财物或人身安全的机构，又称"镖行"。

▲ 平遥古城墙

走进平遥，使人仿佛置身古代戍边的城池。

升昌。平遥在经济最为昌盛的时期，同时有15个大型的集市，或许，这相对于当时的京师而言，也是有过之而无不及的。晋商的没落同中国封建社会的没落踩着一致的步调，几乎像摧枯拉朽一样迅速地瓦解了。对于这，我们是能够理解的。

这些事情回想来，平遥给我们的感觉就像忽而走在历史的光亮里面，一转身却又遁入黑暗了，中间包含了太多人为和机缘的原因。

如今的平遥，似乎已经铅华洗尽。沿着颓败的城墙兜兜转转，心里总有说不出的荒凉滋味，或者还有多多少少的同情。当初的平遥城在明朝扩建的时候

有一个响当当的名字，叫作"乌龟八卦城"。南北二城门好似乌龟的头和尾，南门左右的两处水井是龟的眼睛；东西四门是乌龟的四足，都是侧向南开的，好像乌龟要举步向南一样。而今，平遥城的模样已经没有这般神采奕奕了，南门两旁的井水已经被堵塞，彻底地干枯了。城门也已经凋尽了原先朱红的漆皮，"龟尾"北门也已经出现了严重的倾斜。或者，我们最不忍目睹的是城墙本身在历经数百年后失修的凄惨景象，墙基上面长满了青苔，砖隙之间荒草随意地长着，在风里被吹动成过分萧索的一幕。

民居建筑是平遥借以同其他城市相

区分的一大因素,这里的民居建筑并不过多地讲究一些华而不实的所谓理念。不肃穆,不妩媚,只是拙拙朴朴、方方正正的一些四合院落,青砖灰瓦、四平八稳,让人看上去就能领会到平遥人乃至晋商骨子里那种安居乐业的小康生活理想。

平遥的风情似乎并没有随着其辉煌的历史成就一起消弭,反而更加炽盛了。在平遥的街头,叫一碗纯粹山西风味的凉粉,半斤酱牛肉,顺便来一碗淡薄清香的黄酒,一个人独自悠然地喝到太阳西斜,似乎是无比惬意的事情。从西大街的尽头右拐,便是平遥县城保存最完好的明清一条街了。道路开阔起来,应景的物事便多得令人目不暇接了,生意人的叫卖声也大了起来,此起彼伏。夕阳的光照得一街破破烂烂、零零碎碎,显得那样漫不经心,完好地演绎着小市井的乐趣。

这就是平遥,一座在历史中将息了的城市,不再闻杀伐之声,不再汇通天下。

旅程随行贴

地理位置:山西省中部

最佳旅游时间:秋日的平遥气候温和,阳光明媚,最宜出游。

必吃美食:❶ 手工月饼:饼皮薄酥香脆,馅料清香而不油腻。刚刚出锅、热腾腾的手工月饼最为美味可口。❷ 平遥牛肉:选用优质的小牛腿肉煮熟后腌制而成。肉质鲜嫩、肥而不腻、瘦而不柴、香酥可口。

◀ 山西风情商铺

商铺院内雕梁画栋，古色古香。

Chapter 5 帝里风光好——凝望北国

▲ 双林寺菩萨殿

殿内千手观音像，一副"自在无束"的风范，打破了千百年来观音正襟危坐的造型，呈现出神采奕奕的东方美女形象。

\>\>Look |163

今生要去的100个风情小镇

皇城相府
Huangchengxiangfu
木浓荫茂的名相故里

如果你看过电视连续剧《康熙王朝》，那么，你对这里就不会感到陌生。层楼叠院、错落有致的皇城相府是陈廷敬为母亲修建的。据说，陈廷敬在京城做官时，母亲特别想去京城看看，但因年迈不便出远门，陈廷敬就在家乡为母亲建造了这座类似于紫禁城的府第，它就是当地老百姓心目中的"皇城"。

建筑面积为6万平方米的皇城相府，规模宏大，整个建筑群分为内城和外城两部分。一踏进皇城相府，金瓦辉煌、红柱流丹的御书楼便为这个规模宏大的明清建筑群落，谱就了一曲雍容华贵的乐章。

御书楼因有康熙为陈廷敬亲笔提写的匾额和楹联而闻名遐迩。匾额"午亭山村"的名字意蕴悠远，楹联"春归乔木浓荫茂，秋到黄花晚节香"的诗，是康熙皇帝对陈廷敬一生品行的高度赞扬。匾额上浑圆雄健、气势磅礴的字体庄重威严，令人肃然起敬。

过御书楼，一座高大的石碑坊便立于眼前，虽然经历了历史的沧桑，但牌坊上陈家历代为官子弟的名姓，依然清晰可鉴。牌坊后面左侧便是有名的"点翰堂"。陈家在当地有"德积一门九进士、恩荣三世六翰林"的美誉。"点翰堂"是康熙帝到皇城相府时，亲笔点定陈廷敬之子陈壮履为新科翰林而题名的，它是陈家世代沐浴皇恩的标志性建筑。

而皇城相府最具特色的建筑物应是取"河山为囿"之意的河山楼，据说是为抵御流寇侵扰而建的，整体为砖石结构，没有方木，同时能容纳千余人避难。为了便于探知敌情，河山楼楼顶不仅建有垛口和堞楼，而且还专辟有利于转移逃生的秘密地道。

站在深深的庭院里，抚摸被风雨剥蚀的青砖绿瓦，或是在氤氲的茶香中，欣赏一曲悠扬雅致的编钟古乐，仿佛走进了300多年前的钟鸣鼎食、诗侣酬唱的繁华梦境，是那样地让人沉醉，难以自拔。

◀ 陈廷敬故居的照壁

陈廷敬故居枕山临水，城墙雄伟、雉堞林立，房屋则朴实典雅、错落有致，是一座别具特色的城堡式建筑群。

旅程随行贴

地理位置：位于山西省东南部的晋城市北留镇境内，是清朝文渊阁大学士陈廷敬的故居。因陈廷敬晚号"午亭山人"，康熙帝曾为其题写"午亭山村"之匾，所以此地又被称为午亭山村。

最佳旅游时间：4～10月

必吃美食：❶ 阳城烧肝：烧肝外焦里嫩，蘸着老陈醋吃舒爽适口。❷ 酸菜黑圪条：用白面包高粱面擀成面条，营养丰富，口味酸香辣俱全。

◀ 皇城相府

▼ 坐拥青山的建筑

Chapter 5 ● 帝里风光好——凝望北国

▶ 层层叠叠的古窑洞　　▶ 古渡口摆渡的船夫　　▶ 俯瞰碛口镇

碛口层层叠叠的古民居，在光阴的变迁中，默默地保持着它原有的风貌。

碛口
Qikou
九曲黄河第一镇

　　古镇碛口因黄河第二大碛——大同碛而得名。碛，是指黄河因地形的起伏而形成的一段段激流浅滩。黄河的河水于浅滩处掀起滔天巨浪，浪花如激雪般喷涌，景色非常壮观。如果幸运的话，在浅滩，还能看到一些大胆的小伙子或一些老船工，他们头上扎着白毛巾，成群结队，浩浩荡荡地去冲碛。这是碛口独具的风情。

　　碛口兴建于清乾隆年间，之后200余年是其鼎盛时期。那时，五里长街边店铺林立，商贾云集；黄河里船筏如梭，山谷里不时回荡着声声驼铃。如今，曾经的繁华早已成为过眼云烟，但繁荣的商业造就了这里发达的建筑文化。

　　最具古韵的是碛口的街道，主街道顺着卧虎山，由东开始，沿湫水河西去，再逆黄河北上，一路曲折。在主街道南的二道街、三道街，一条比一条短，形成了梯形的建筑格局。最有意思的是，只有200余米的古镇后街，却曲曲折折地转了18道弯。

　　一些明代、清代民居，依地形斜坡状组合排列于黄河边的一条条老街上，这些民居，平板门，门前都有高圪台。

　　古街、明清民居只是碛口的点缀，大同碛才是碛口的精华。大同碛是秦晋峡谷间最大的一个碛，在古街西南500米的湫水河入黄河处。黄河于晋陕峡谷之间穿行而过，湫水河由临县卧虎山汇入时，黄河水量骤然增大，宽广的河面却骤然收缩，河水怒吼着奔入落差极大的河道，水流顿时变得湍急。碛内一时浊浪排空，惊涛拍岸，咆哮如雷，让人叹为观止。但奇妙的是，在大同碛下游百米处，河面却又变宽，河宽水缓，千米之长的天然沙浴场便就此形成。

　　原以为碛口的夜是寂寞的，夜宿碛口，却是灯火辉煌。悬于街畔的红灯，是那样的柔和，斑斑点点地落在古色古香的建筑上，如一首无言的歌。

碛口黑龙庙

黑龙庙的建筑保持了原生态的古朴气质,具有浓厚的历史沧桑感。

今生要去的100个风情小镇

静升镇王家大院
Jingshengzhen Wangjiadayuan

民间故宫

王家大院正门

被称为"民间故宫"的王家大院，是灵石县四大家族之一的太原王氏后裔的家宅。王家大院由高家崖和红门堡两个建筑群组成，拥有"五巷""五堡""五祠堂"。

❶ 层楼叠院
精雕细刻的建筑，错落有致，气势不凡。

❷ 院落之间干净寂寥的通道

东大院俗称高家崖建筑群，建于清朝嘉庆初年，有院落26座，是一个不规则形串联城堡式住宅群。整体建筑依山就势，基本继承了传统的前堂后寝格局，且随形而生变，层楼叠院，高低有致。

东大院为四合院式，院中有院，门内有门，窑顶建窑，房上坐房。西大院，俗称红门堡，面向与背靠同东大院完全雷同。唯一不同的是，西大院只有南堡墙稍偏东位置有一堡门，堡门为两进两层，堡门正中央镶一方刻有"恒祯堡"的青石牌匾。

用青砖砌筑的"红门堡"堡墙外高8米，内高4米，厚达2米多。由堡门左右及堡墙东北、西北角的踏道到达堡上，就可饱阅堡内景色。

堡内布局合理巧妙，由大块河卵石铺成的南北向龙鳞主街将堡内分为东、西两大区。东西方向的三条横巷把西大院分为南北四排，由下至上，依次为底甲、二甲、三甲、顶甲。一条纵街和三条横巷交错，组成一个很大的"王"字。

不论你在院内，还是院外，不论是在屋上，还是屋下，那些精雕细刻的建筑艺术品随处可见。从屋檐、斗拱、吻兽到础石、神龛、石拱、门窗，造型逼真，构思奇特，既具有北方建筑的雄伟气势，又具有南方建筑的秀雅风格。

乔家大院

Qiaojiadayuan

古老又常新的记忆

乔家大院，倘要为之定性，也就是晋商的房子。大院的布局形状很像一个"囍"字，这是宅院设计者为图吉利而有意为之的。整个大院占地8724.8平方米，被划分为6个大院，包罗20个小院。从门口进入后，80米长的石铺甬道将6个大院分列成南北两排，向西的尽头是祖宗的祠堂。整个大院独立而成，并不同其他的民宅相比邻，三面临街，所有当着街道的屋檐都向内倾，自家雨水落在自家的院子里，亦即"肥水不流外人田"。

乔家大院的功能似乎不仅仅止于住人纳物，像这种家财丰厚的人家总免不了要担心一些比较实际的问题，比如说如何对付强盗和毛贼，出于这样的考虑，乔家把自己的院落建得更像一个堡垒。院墙很高很厚，一般都要高过10米，而且绝对没有任何的窗口开在上面。在屋顶上有相通的走道，可以走在上面巡视整个院落的情况。

大院有4座主楼，门楼、更楼、眺阁总计6座。大门对面是百寿图的影壁墙，北

▼ 乔家大院
院内的美景吸引游客争相拍照留念。

▲ 乔家大院里的红灯笼

红灯笼随风轻摆，古老的大院也变得灵动妩媚。

面三院都是庑廊出檐的大门，以潜藏的棂柱支撑，门道宽阔得可以供八抬的轿子自如进出，门外皆有拴马的石桩和上马的石凳。

其实，在不少电视剧里面，我们都可以看到乔家大院的影子。大院的每一寸构造似乎都成了影视节目里面最应景的场面道具，或许我们也会就此想起《大红灯笼高高挂》里面的片景，在大门的外面，两盏鲜红醒目的灯笼随风轻摆。

▶ 砖雕影壁百寿图

精工雕刻的"百寿图"，是由清代名臣祁寯藻所写的。一百个"寿"字无一雷同，每个"寿"字各具形态，有百种象征意义，可谓中国传统书法艺术之集大成。

今生要去的100个风情小镇

▶ 乔家大院瑰丽的一角

乔家大院雄伟壮观的建筑群体，设计精巧，雕刻工艺精细，体现了中国清代民居建筑的独特风格。

额济纳

Eji na 如火的胡杨，如梦的额济纳

之所以对位于内蒙古自治区最西端的额济纳旗如此神往，不仅仅因为它是因为它隔城汉代居延，也不只是那西夏的黑城，更不仅仅是那壮阔目前方兴未艾的航天城矢关。激起工勇敢的黄金交错鲜艳，与之诉千古绝之谜的居延海，是它的大漠荒凉，乡月的胡杨林。

10月初到额济纳，其余些许嫩绿可是秋色落足以夺人双目的亮色意要绝色，那鲜艳的，任你用热烈般的爱情去感其中的炽焰的颜色，浓酽色的飘逸泡热，让所有生动的语言在它它神奇的香泽面前失方力。

道路的尽天下，一座座的古的残垣起伏，稀疏有致地排列着，细径其间的胡杨林，在秋风中被渡着透亮的金光，远远望未，黑天大的胡杨林，如一条金色的长练，吃立在浩漫黑戎之中，绵长而深远。

顽强屹立万年的胡杨林

▲拴马桩

来就很狭窄，两边那一座座高大气派的门楼和屋墙，使巷道更为深长。行走在巷道里，举头一线天，低头一条线，如置身于寂寂苍然的岁月。

沿着一条卵石或条石墁地的巷道，穿梭于一座座高大的四合院、祠堂，让人动容的不仅是高大气派、十分讲究的走马门楼，还有随处可见的石砌高台、砖雕栏杆，以及石狮、古井、老坊，穿着现代服装的村民……虽然这里没有丰富的物质生活，但党家村人安定地保持着自己的生活节奏，习惯了在这里生生息息。

云的地方接入高天，颜色却是水天一色的蓝，蓝得发亮，亮得能让人看见希望和未来事物的影子，清清楚楚。

　　作为城池的大理，又称"叶榆"，或者"紫城"。尽管居于边关，但它并不是一个乏历史可陈的城市。这座"一水绕苍山，苍山抱古城"的城池，从公元779年南诏王异牟寻迁都羊苴咩城，已有1200年的建造历史。现有的大理古城

▶ 南诏风情岛

遗迹是明洪武年间在旧有的羊苴咩城址上拓展来的，在光绪年间又经过重新修葺。城门以西、北、东、南的顺序分别叫作苍山、三塔、洱海和双鹤，前三者的意义似乎很明确，叫作苍山的面朝苍山，叫三塔的门对南诏三塔，叫洱海的则坐拥洱海，而双鹤则取何意解？有一个不得不说的故事。

洱海在它刚刚形成的时候，整个大理还是一片茂密的丛林，这片丛林的后面有什么样的土地，当时的人们一无所知。一天，人们跟随着一双往来于西洱河边上的白鹤来到了这片开阔平坦的沃土，人们遂得以在这里安顿下来，建立自己的生活和城池。所以，大理还有一个名字叫作"鹤拓"。而南门正是用来纪念那双神明一般的鸟儿，或者也为了明确一下这座城从无到有的历史。

大理人对花的热爱到了偏执的地步，或者就差以此糊口了。"家家流水户户养花""三家一眼井，一户几盆花"，如此的居家习惯下，又焉不得"香风满道，芳气袭人"？在大理人的院墙下，种着血红的宝珠山茶和朴素繁茂的杜鹃，每每开花时节，花枝满院又岂能为一墙所牢笼？于是便一齐探出头来，将一条街巷连缀成花道，绚烂得让人无暇关注这其中的每一朵，只觉满目异彩，似乎连空中都飘浮明灭着花团锦簇的一片。二月朝花节，是大理最美的季节，整个大理在这个时候被放置在花篮里面。

在大理，在苍山洱海间吃茶看花，你来不来呢？

❶ 崇圣寺
崇圣寺依山傍水，峰峦叠翠，环境清幽，真可谓灵鹫胜地、妙香佛都。

❷ 大理城门
古老的大理总能吸引四方的游客驻足。

❸ 洱海小普陀
清晨小普陀雾气袅袅，宛如月宫。

大理洱海

在风平浪静的日子里泛舟洱海，那干净透明的海面宛如碧澄澄的蓝天，宁静而悠远，有着"船在碧波漂，人在画中游"的诗画般的意境。

Xianggelila

香格里拉

梦想中的伊甸园

旅程随行贴

地理位置： 云南

最佳旅游时间： 秋天，尤其是中秋节刚过的半个多月内，是香格里拉最炫美的时候。

必吃美食： ❶ 尼西土锅鸡：用尼西土陶炖制而成的土鸡，汤底浓郁，鸡肉糜而不烂。❷ 酥油茶：将酥油和茶放到一个牛皮袋里，扎紧，用木棒用力敲成乳浊状即可。

纯净的香格里拉水天一色，让人分不清哪里是天，何处为水。

"太阳最早照耀的地方，是东方的建塘，人间最殊胜的地方，是奶子河畔的香格里拉。"自从英国作家詹姆斯·希尔顿的小说《消失的地平线》问世以来，作品中所描绘的香格里拉便引起了无数人的向往，人们怀着极大的热情，追寻着这圣洁纯净的世外桃源。

中甸是云南迪庆藏族自治州首府，位于云南省西北部，藏语意为"吉祥如意的地方"，那里有澄碧的蓝天、漫山开放的杜鹃和神秘幽静的藏传佛教寺院，远处的雪山熠熠生辉。因其处于青藏高原东南边缘，从而形成独特的融雪山、峡谷、草原、高山湖泊、原始森林和民族风情为一体的景观，被人们认为是詹姆斯·希尔顿在小说《消失的地平线》中所提到的永恒、和平、宁静的土地——香格里拉。于是，依据众多专家学者的研究成果，2001年国务院正式批准迪庆藏族自治州中甸更名为香格里拉。从此，美丽的香格里拉有了自己的归属。

香格里拉是因希尔顿的小说而闻名的。第一次世界大战期间，一位英国失事飞行员在川滇交界的地区跳伞后，发现自己竟闯入了一个仙境般的世界：雪山巍巍、芳草萋萋、树木葱茏、湖水明澈……尽管语言不通，但这位飞行员却在这里得到了当地山民的热情款待和帮助，最后顺利地返回了英国。后来这个飞行员写了一篇回忆录，深情地描述了这片神奇的土地，他把这片净土誉为"香格里拉"，翻译过来意思就是"天上人间"。1933年，希尔顿据此写下了《消失的地平线》一书，用他优美的文笔向世人描述了一个东方的美丽田园。

在雪山环绕之间，分布着许多大大小小的草甸和坝子，土地肥沃，牛马成群。在这片宁静的土地上，有静谧的湖水、神圣的寺院、淳朴的康巴人，一切都如人们梦想中的伊甸园。香格里拉的雪线以下，生长着一片茂密的森林，包围森林的是一片广阔的草甸牧场。芳草如茵，鲜花怒放，牛羊在花海绿草之间漫游，牧歌处处，情景非常动人。

▼ 香格里拉五彩大草原

在香格里拉，随处可见驻扎在草甸上的毡房。走进藏民的家中，飘浮在空气中的酥油茶和青稞酒的味道令人垂涎。每到黄昏，当太阳依依不舍地在云隙中贪看时，归化寺的诵经声就会和茨中天主教堂的祷告声一道，响彻天宇。当你听到这天籁一般的声音时会感觉到，你的灵魂已与美丽圣洁的香格里拉融合在一起，成为她的一部分。

今生要去的100个风情小镇

和顺
Heshun
茶马古道的余香

和顺离中国的"极边第一城"腾冲不远。云南的山太多了，看久了有些疲乏，可到这里，你能瞬间放下所有的疲惫，就仿佛你从来不曾远行过。四周的山是没有顶峰的，流水越过翠绿的田野，远远看到村子坐南朝北，排在山坡上，高低有致的房屋充满了祥和的气息，漫无目的地游走也是饶有情趣的一件事。

村口有一座古石拱桥，桥面的石缝中不时蹿出点点斑驳的青苔，很有"苔痕上阶绿"的感觉。桥体很秀气，但妖娆得很，颇有江南的味道。桥的那头，是一排排执着的石屋，那是用高黎贡山最坚硬的石头建造而成的，与柔弱的流水相对应，别有韵味。

走在和顺乡间，每一个宅院都是一件精美绝伦的艺术品，不经意间给你惊喜。这些茶马古道中人的后代，秉承了祖先的热情好客，推开一扇"吱呀"的门，主人总会招呼你进去坐，端上一杯普洱茶，和你聊一聊茶马古道的故事。墙上的老钟嘀嘀嗒嗒，阁楼转角处的脚踏式缝纫机安静慈祥，裹着报纸的玻璃灯罩落满了灰尘，安静地伫立在窗台上……一种穿越时空隧道、走进远古的感觉油然而生。

❶ **古朴的民居**

高低有致的房屋，红黑相间，流露出自然的美感和朴实的生活气息。

❷ **荷花塘上的亭子**

和顺的亭子据说共有13座。以功能分为三类：凉亭、洗衣亭和湖心亭。

▲ 2月的和顺

粉墙黛瓦和金黄的油菜花，好一幅美妙的田园画卷。

和顺，因缘它特殊的交通位置，借助丝绸古道和世界各国进行贸易和文化交流，促成了和顺特有的性格：包容、谦和、和和顺顺。古朴的，现代的，徽派的，江南的，此外也不乏欧式的建筑，这些相貌各异的建筑毫无隔阂地结合在一起，和谐得让人惊叹。选一个飘雨的日子，看河边杨柳依依，岸边芳草萋萋。碧波荡漾的池塘，含苞的荷花妩媚动人，徐风迎面送来荷花的清香，深呼吸，心情明净起来了，惬意得不知所以。

今生要去的100个风情小镇

单孔石拱桥
桥身与倒映在水里的影子形成一个完美的圆,在绿树的映衬下显得格外美丽。

Shaxi
沙溪
被现代文明遗忘的角落

　　沙溪是一个青山环抱的小坝子。这里山清水秀,气候宜人,物产丰富,是一个以白族为主,汉、彝、傈僳族共居的少数民族居住地,也是一个历史悠久的小镇,自从唐代在沙溪西部的弥沙发掘了盐井开始,作为茶马古道上经济、文化交流的重镇,沙溪的贸易也随之加入新的内容——盐。盐井的开采,犹如锦上添花,为沙溪的发展推波助澜,使沙溪一跃成为茶马古道上的盐都,成为西藏、滇西北地区的食盐供给集散地。

　　春季三四月,沙溪最美的时候,站在高处,遥望沙溪坝子,那是一幅非常漂亮的田园风光画。远处一片片的油菜花,一块块绿油油的麦田,黄绿相间。村头的梨花、桃花开得正艳,恍惚间就像当年的武陵人一样,一不小心走进了桃花源。

　　寺登四方街,沙溪的灵魂与核心,是来沙溪必到的地方。在这里,商铺、马店、古戏台都显示着曾经的繁华。街上有三个门,分别通向不同的地方。站在街前,仿佛闻到了马锅头的味道——盐巴、酒、汗混合而成的气味。经过南寨门,一条狭窄、深长的古巷道悠然

14 | Look >>

今生要去的100个风情小镇

塔下 Taxia

情迷塔下

▲ 土楼风光

式样纷繁的各种土楼，错落有致，形成了奇妙无比的建筑景观。

塔下，深藏在大山深处，如同一块璞玉般闪烁着温润光泽的小山村，被一湾清澈的小河抱在怀中，而那流动的溪水，就像一根银链把山脚下、溪岸边二十几个形态各异的土楼，串成一串宁静朴雅、美妙绝伦的珍珠。一阵山风送来阵阵沁人肺腑的花香，一时间竟让人迷醉了，只想静卧在那泓溪水边，终生为它守望。

轻轻走过老街，脚步在石板上叩出清脆的声响，仿佛置身于世外，仿佛又回到了从前的岁月。从未曾想过，在这个世上会有这样一个宁静秀雅的山村，在这里仿佛一切都"浑然天成"，没有刻意雕刻的任何迹象。溪水从高处潺潺而下，划出的美丽的"S"形将村子自然分成东西两片，酷似太极阴阳，便有了"太极溪"的美称。

沿溪而上，走在光洁的石板路上，听着旁边山林鸟儿的啁啾，呼吸着湿润清新的空气，如果岁月是永不停止地行走，没有一个人不愿意就永远这样走在路上。

坐落在半山腰间的德远堂坐北朝南，处于苍松翠柏、石阶曲径环抱之中，是这里著名的景致，祠前二十几根高达10米的石龙旗杆，犹如细长的石塔，从清朝时期就开始见证着族人科举登科的辉煌。

由德远堂转个弯，便看到房角的野花，山中飞舞的彩蝶，清清的溪水中倒映出满足而惊喜的脸。而天井里那株大大的桂花树开花了，光润肥厚的叶片带着雨珠儿，小小浅浅的花朵带着一丝淡淡的清甜的馨香随着若有若无的春风从你的嘴巴、鼻腔一下子钻到你的心肺，冲到心里，让你不由自主地把所有不开心的委屈、抱怨都倾吐出来。

塔下人是好客的，他们喜欢与你热情攀谈，就像

旅程随行贴

地理位置：位于福建省漳州市南靖县书洋镇西部

最佳旅游时间：四季常青，全年皆可。

岁月年轮：建于公元1426年，是当地的著名侨乡。

浦源村凉亭

凉亭立于澄澈的溪水之上，游人从水面盘旋而上，四周美景一览无余。

粗陋却显亲切的小拱桥

由同乐桥畔下车，步入浦源村中，已远离了城市的喧哗，脚下是一条历经数百年的青灰石道，已被踩得油光滑亮。山涧中数十条清泉汇聚后奔流而下，一路峰回水转流进浦源村，化为多情的溪水，缓缓穿村而过。

鲤鱼溪两岸的民居古朴别致，多为二至三层上盖青瓦的木构建筑。顺着蜿蜒的小溪，那些原木的小屋、古韵悠长的宗祠、错落有序的古柏、文昌阁、林公宫一一出现。鲤鱼溪下游观音桥上供奉的土地公、送子观音、齐天大圣，构成宗族文化完整的遗存。造型独特的观鱼亭台和水榭小桥，更是一步一景，让人涉目成赏。

每一个古老的村落，都有一个望族，每一个望族，都有作为宗族文化的集中地——宗祠。鲤鱼溪也不例外。鲤鱼溪畔的郑氏祠堂位于其溪左侧，前窄后宽，造型独特，远看，像一只乘风破浪的船，为三进式中国古典殿堂建筑，雕梁画栋，富丽堂皇。

在郑氏宗祠南侧，是一景色宜人的小湖，湖上亭台桥榭，湖边绿树成荫。最让人感兴趣的是湖南岸高台上的鸳鸯古树。游人到此，多被枝干连理、根须相接的雄雌树吸引，许多热恋的情侣在此合影留念。

传统与现代交织，有序与无序并存，这就是周宁。

Chapter 4 ● 春来遍是桃花水——南方印象

周宁 *Zhouning*

神鳞戏谐的梦幻之地

　　秋天是周宁最动人的季节，山地季风吹来，如雄狮低吼。西走十几里外，是丛林密集、云雾缭绕的浦源村，清清的溪水中悠然遨游着色彩斑斓的鲤鱼。这就是闻名遐迩的中华奇观——"浦源鲤鱼溪"。

学名家朱熹来汀讲学的地方。朱熹博学，集历朝理学之大成。当时汀郡长汀邑主簿刘子翔师事之，特邀请他莅汀讲学。慕名前往听讲者众多，座无虚席。朱熹在长汀的讲学深受人们的欢迎，为了纪念，长汀人特将其当年讲学之院称为"朱子祠"，并经历代修缮，保存至今。

当你的眼中装满清丽山色后，你可以去回龙寨了。那里，是另一番让人心动的风情。这虽只是一个小小的山寨，但寨中古井犹存，青砖瓦房相间之处有数条小巷相通，四周的池塘，环水的小岛，成荫的绿树，潋滟的湖光，袅袅的炊烟，绵延成片的古居，一下子为山寨披上了一层神秘的面纱，把人带到了另一个时代。镶嵌在汀江之畔的璀璨明珠长汀，青碧的水光山色让人如入梦境，即使所有的记忆被尘封，长汀依然出现于人的梦中。

▶ **长汀古城墙**
古城墙造型奇特，民间称之为"蓝衣挂珠"。

繁华。

有"小上海"之称的长汀,最让人津津乐道的,是那历史悠久的天后宫。天后宫坐落于长汀县东大街朝天门外,北倚卧龙山,南临汀江,东接319国道,西连横岗岭,是在9口大池塘中央建立起来的古建筑。从横岗岭横看天后宫,可见其殿宇广阔、雄伟壮观,四周风光秀丽。由于地形恰似金龟,天后宫又名"蛤蟆浮塘"。

卧龙山位于长汀城北,自宋以来即为汀州名胜,曾为"汀州八景"之首。卧龙山上最奇异的是那些山石,龙口石、龙脑盖、金砖石、鸟石、仙人点灯、仙斋石、绑牛栏、补天石、仙女巷、仙女洞、石屋清泉、石床,一应俱有,不仅名目繁多,而且千姿百态,惟妙惟肖。

居于历史文化名城长汀的卧龙山,不仅建有楼台亭石,还保留有许多文化名人的足迹。"朱子祠"位于卧龙山下,是一座四合院式的平房,为北宋理

▼天后宫正面

◀ 三元阁

长廊飞檐、灯笼摇曳的三元阁是长汀城内代表古城的标志性建筑。三元阁原是唐代古城门，明崇祯年间加以扩修，始名三元阁。三元者，状元、会元、解元。其阁正对汀州试院。

旅程随行贴

最佳旅游时间：任意时间皆可来长汀品读古镇深厚的内蕴。

必吃美食：❶ 绉纱肉：俗称"烧大块"，是长汀传统菜肴。绉纱肉皮似绉纱，肉香扑鼻，爽口不腻，色香味俱佳。❷ 白斩河田鸡：它以其香、脆、爽、嫩、滑和易脱骨而深受赞誉，其鸡头、鸡爪、鸡翅尖更是下酒好料，俗有"一个鸡头七杯酒，一对鸡爪喝一壶"之说。

而过的汀江如一条飘逸的白练，为山城增添了几分"一江春水向东流"的韵致。

汀江自上游迂回而下，在崇山峻岭间一路欢歌，流经长汀庵杰乡涵前村时，被一座巍峨的石山突然阻隔，汀江江流一时山穷水尽。但是涵前在为汀江江流关上一扇门的同时，又在其下为它另辟了一处洞口。汀江由巨洞中呼啸而过，一路奔腾不息，直向南海。汀江如亮箭穿云般穿过洞口，形如一条拱形的龙，故名"龙门"。汀江水自龙门"千里汀江一线穿"而出，于洞前积水成潭，潭中碧波荡漾。

长汀江美，城墙也独具特色。城墙始建于唐代，年代久远。古城墙沿汀江而建，先是从东到西呈弧形，而后又从东西端沿卧龙山两边的山脊一直筑到山顶，其形犹如观音大士颈间戴的一串佛珠。

拾级而上，步上城门，是楼阁式的房子，房子为砖石结构，厚重的木板墙上配着窗花格。站在城墙上，鸟瞰全城，长汀尽在眼底，田园似锦，汀江如银，环山层层叠叠，宛如一幅丹青佳作，令人心旷神怡。那保存较好的商业街逶逶迤迤，新城区的小楼绵延数十里，老街与新楼区相映成趣，一街一楼，都足以见证当年古镇的

Changting
长汀 客家风土意，幽幽美山城

坐落于闽、粤、赣三省交界处的长汀，枕山临溪，秀丽多姿，一峰突地而起，桀骜不驯，不与群峰相连。四周平畴沃野，城内卧龙山绵延。而依山沿河修筑的古城墙，把半个卧龙山圈进城内，营造了"挂壁城池，城内有山，山中有城"的绝妙境地。发源于汀州宁化县治平乡木马山北坡的汀江，是闽西最大的河流，为客家的母亲河，素有"天下客家第一江"之美称。穿城

▶ 悬挂红灯笼的桥

> **繁华过后，**
> **几多典雅与灵秀，**
> **宛若凝固的诗行，**
> **走出了最美的韵脚。**

石阶、水沟等依然发挥着功能。这或许是因为20世纪30年代长汀至龙岩公路的开通，使这里不再是长汀、龙岩、连城往来的必经之地。自此，盛极一时的培田，慢慢地被时间淡忘。这种遗忘也使它免遭了战火与时光的洗礼，遍地皆拾的是那些藏着百年春秋的宅院古屋。它们的青砖、黛瓦、白墙，如水墨画一样典雅灵秀，保存完好。

培田古村的大宅院都是明清时期客家人典型的建筑风格，最具特色的是村中间的一座高堂大屋，为"九厅十八井"建筑——官厅。比官厅更大的同类建筑是村东南角的"大夫第"，又称"继述堂"。大夫第这样规模的建筑在培田共有30幢。它们的布局大同小异，多是厅多、井多、房多，却井然有序；建筑层层叠叠，采光、通风、出水没有一点阻碍；厅与厅之间通道相连，又用门户相隔；不仅独成单元，尽情享受小家庭的天伦之乐，而且也有利于大家族聚族而居。走在宅院里如同置身于曲折而迷离的迷宫，总以为路到尽头，一拐，却是一个柳暗花明的小门。

最有意思的是，大宅院的门前或者天井里，用鹅卵石镶嵌成六合图、铜钱或者如意结的精美图案清晰在目。坐在"九厅十八井"的院落中，看着蓝天、白云，看着暖暖的夕阳慢慢落下，生活充满了清凉、安静的味道。

庭院深深的高官富贾的豪宅，多是故事丛生的地方，不知道有多少旧爱情仇在这里上演，但挥手之间，却又灰飞烟尽。

有人说培田如一首凝固的诗，不经意间固化了一段萦绕于怀的情愫。可惜的是，许多人不能永远地停留不前，只能做它的过客，那龙盘虎踞的周山，自北向南绕村而过的河源溪，也只能在记忆中犹新，在回忆中鸣响。即便如此，也已足够。

培田 *Peitian*

凝固的诗章

培田古村是一个依山靠水的地方，一到培田，扑面而来的是一股悠闲的清风。村前的小溪如一条玉带，呈弧形蜿蜒穿行古村，将村庄与田野分开。有水的地方人杰地灵，培田也是如此。培田人是聪明的，他们在小溪上游设置拦坝，分支的小溪由此被引入村中，溪水一路穿街过巷，要么从人家的门前而过，要么自窗下慢慢流过。如果在有月亮的晚上立于水边，看月光倒映在波光粼粼的水面，那将是惬意的事。

在初染绿意的早春，徜徉于培田古村，看到衡公祠、久公祠、昌亭公祠、畏岩公祠、乐庵公祠等二十几座百年古祠，会有目不暇接的感觉。所有的脚步都轻了，那一瞬间，就会恍如隔世。

让人惊叹的是，这里的建筑物大都保存完好，门雕、石雕、道路，甚至瓦面、

▼ 浓翠荫日的古树

绕村而过的小溪，灵秀可爱的廊桥，生机盎然的田园，浓翠荫日的古树，培田古村就这样素面朝天地欢迎来自远方的每一位客人。

德夯不通铁路,要在吉首转车,然后经过那条被称为"天下第一险"的矮寨公路。一座长仅440米的小山坡倾斜度却超过70度。很难想象,在20世纪30年代,人们是怎么在天堑上凿出了这条九曲十八弯的公路。公路画着"之"字形折了13折才上得山去。随着海拔的升高,景色越发开朗壮丽,先前遮挡视线的山峦现在只露得出尖耸的顶,回头望来时路,宛然一条丝带从天上跌落人间。

"流纱瀑布"因瀑布上随风扬起的水汽如轻纱曼舞而得名。不要被这个美丽的名字给蒙蔽了,以为它会是一个小巧的瀑布,走到面前你会发现它是由10道落差在200米左右的瀑布组合而成的。若逢雨季,这些瀑布群会连成一片,300米宽的瀑流倾泻直下,十分壮观。瀑布流向村里的玉泉溪,溪水中所含矿物质比一般的水要重一些。来到这里,先捧着洁净的溪水抹抹身上的汗珠,再喝上几口玉泉水,真有"历经清洗烦恼尽,突破险阻英雄来"的感觉。

在光滑的石板街上前行,可见织布机前轧轧织布的老婆婆、门前竹椅上灵巧地编着竹篓的苗家老汉、坐在苗家妈妈背篓里的小宝宝、唱着山歌的秀美姑娘、练着苗拳的健壮小伙……

美丽的自然风光陶冶了这里的山民,只要游客诚心邀请,男男女女都乐意为客人献艺表演。热情的主人还会把你邀到家里去,给你奉上甜甜的桂花米酒,香咸的苗家腊肉,让你想不醉都不能。

▲ 民居屋顶

▲ 流纱瀑布

▲ 水车
古老的水车不知疲倦地旋转着，碾过岁月的小径，留下一派田园诗情。

◄ 德夯苗寨风光
德夯苗寨是天下闻名的苗鼓之乡，曾出过两代杰出的苗鼓王。

Dehangmiaozhai
德夯苗寨
青山隐隐古风存

　　凤凰的出名给离它不远的德夯也带来了好运,游过凤凰,坐两小时的车便可来到这里。但是这里与小桥流水的凤凰有着完全不一样的风情,上天对湘西竟有如此的厚爱,在这个弹丸之地花费这么多的心血造就了这样一个又一个美丽而独特的地方。德夯是峡谷深处的一个苗寨,在这里,巨大的奇峡就有六七条,小小峡谷处处皆是。

今生要去的100个风情小镇

杰地灵,名贤辈出。既有清末力抗英法殖民入侵的民族英雄田兴恕、郑国鸿,又有民国叱咤政坛的熊希龄,还有近代国画大师黄永玉……然而,最令今人凭吊的就是文学巨匠沈从文。

到了凤凰,一定要怀着朝圣之心拜访沈从文先生的故居。这是一幢青瓦木板结构的四合院,整座建筑带有浓郁的湘西明清建筑特色,镂花的门窗,小巧别致,古色古香,室内桌椅用具摆放俨然老人生前的样子,轻轻抚摸一下那张大理石书案,心中最柔软的地方就这样在不经意间被触动了。

且行且走,凭吊了沈从文先生这位中国现代文学史上的旷世大师之后,几乎所有人都会心生慨叹,只有这么质朴、这么轻盈的凤凰小城才能产生这么震撼心灵的文人与作品。

◀ **万名塔**
耸立在沱江河岸的万名塔宛如亭亭少女,秀气可人。

> **沈从文**一笔引出风情小镇,千年岁月历练**小楼风韵**,谁惹得沱江水清凌凌地笑,**苗家女**惊起一地碎玉。

凤凰 *Fenghuang*

斯山，斯水，斯人

古朴的沱江静静地流淌，孕育了一方传奇的小城。这里风景秀丽，历史悠久。城内，旧时的城楼，明清的古院，都风采依然；城外，南华山国家森林公园；城下，艺术宫殿奇梁洞，饱经风霜的唐代黄丝桥古城，举世瞩目的南方长城……不胜枚举；更远处，吉首的德夯苗寨，永顺的猛洞河，贵州的梵净山，可谓奇景环抱。

清澈见底的沱江，穿过凤凰县城，从刀耕火种的原始荒蛮中走来，一路伴着凤凰，带给凤凰山城超脱的灵气，也带来了今日的辉煌。如今的河岸，"吊脚楼顺着水流的方向逶迤而行，古朴依旧悬空于河上的各式雕花窗上，都伸出竹竿来晾晒五色衣物，像是无心的招摇，又像是含蓄的遮掩，让人揣想楼上人家的故事"。

远远望去，跨越沱江之上的一道彩虹就是始建于明代洪武初年的虹桥，这是一座由紫砂岩石砌筑而成的三拱桥。桥面风雨楼屡遭战乱毁坏，近年来重建之后才再现了昔日的辉煌。每到雨天，撑着雨伞，伫立在小巷的深处，将整个身心都沉浸在小城的静谧之中，这里就是人们心灵的天堂。寂寥、惆怅、伤感、凄美的情怀在小雨的迷雾中渐渐升腾，又被渐渐冲刷干净，心情就这样经过洗礼轻快了起来，好一座被雨水荡涤了千年的古镇……

一方水土养一方人。除了优美的自然景观，凤凰更孕育了传奇的人文景观，人

古色古香的吊脚楼沿河而立

南方长城

旅程随行贴

地理位置：湖南

最佳旅游时间：4~5月和7~8月都好。

必吃美食：❶ 米豆腐：味道清爽酸辣，营养丰富，软硬适中，在夏天最受欢迎。❷ 姜糖：闻着喷香，咬着酥脆。它不似糖果那样甜得发腻，也不会像姜那样辣得透不过气。刚刚好的甜和恰到好处的辣，令人唇齿留香，回味悠长。

  王村之所以叫村是因为它很小，有时候连本地人也会感到很奇怪，它居然也有千年的历史。几千年，外面的世界发生了翻天覆地的变化。但是在王村，时间似乎是静止的，房屋还是吊脚的，豆腐还是米做的，门前的大黄狗还是汪汪叫……

  走到村口，便能看到那条60米高、42米宽的瀑布，水流倾泻而下。这条瀑布的气势自然无法与黄果树瀑布相比，甚至不能与中国大多数的瀑布相比，但它的可贵之处在于它的安详、友好、不离不弃。山间的清溪，固执地走了千年，冲刷着陡坎和溪床，慢慢地在瀑布身后形成了一个巨大的洞穴。村子里的人就依靠洞穴里的水生活，还经常可以看到年轻的女子来这里洗衣服，嬉笑声荡满了整个山涧。瀑布、洞穴之于村民就像父母之于子女，细腻无比，无微不至。能够与人类相处得如此融洽的瀑布，全世界恐怕只此一处了。

今生要去的100个风情小镇

芙蓉镇
Furongzhen
遗落风尘的净土

芙蓉镇原名王村，后来因为小说《芙蓉镇》改编的同名电影而得名，但是在当地人心目中，王村就是王村，一个小小的村子。层叠错落的吊脚楼；平整又安静的石板路；闲时的街道布幌翻飞，寂静得有点荒凉。每每经过，都会有一种感觉，一种心境升华、皈依真性的感觉，也许外面的世界真的太无奈，要来这里走一走才能体会到回归的感觉。

▲ 芙蓉镇与猛洞河

猛洞河上游河道狭窄，流急滩陡，下游河面渐宽，水平如镜，是漂流爱好者的乐园。

◀ 层叠错落的吊脚楼

Chapter 4

春来遍是桃花水——南方印象

▲ 水墨南屏

着木质的大太师椅,不禁会想象着当年族长召集会议的情景,神态不自觉就会庄重肃穆起来。

走出宗祠,七扭八拐地走在石板路上,这才体会到南屏为什么会有"古巷迷宫"之称。无数条古巷纵横交错在深宅高墙内,曲曲拐拐,没有尽头。深巷幽极静极,光线也暗,只见去路不见来路,也难见人影,站在巷子里连多余的声音都听不到,感觉像误闯了鬼片的片场。若是晚上来,怕是只能听见自己皮鞋叩响润亮的青石板而发出的悠长足音。唯有早上的太阳悬挂在重檐上,连绵起伏的鱼鳞瓦被铺上厚厚一层迷人的光辉,阳光间或从巷顶上洒落下来时,古巷才增添了些许生动的色彩。

"老杨家染坊",也是不得不去的一个地方,电影《菊豆》的主要场景都是在这里拍摄的,想到电影中的场景马上就要真实出现,人们会不自觉地兴奋起来。染坊的气势不比宗祠差,大厅很宽敞,只是没有那么多粗壮的立柱。三个方方正正的染布池,一架高高的晒布台和几件叫不上名字的织染工具,一切都静止在时空中。面对眼前的一切,会有一股要合上大门的冲动,把喧嚣和尘世统统关在外面,从而能静心地享受一个暂时属于自己的世界。染坊里的布匹,粗质的纹理掩不住岁月的痕迹,悬挂着的染布飘飘舞动,仿佛有个灵魂在述说。木墙上挂着剧组的海报,望着巩俐哀怨的面庞,似乎看到了那个年轻俊秀的姑娘在这染房中度过的灰暗日子,听到了她窒息般的喘息。

站在村中的最高点"孝思楼"上,放眼远山,青山沐浴在暖暖的太阳里,青紫色的薄雾在山峦间飘荡,远处田野里荡漾着悠扬的牧笛声,近处的草地上,母鸡带领小鸡崽认真地觅食。真想就这样站着,或者唱着牧歌,和伙伴一起去放羊。

❶ 错落有致的民居一角
❷ 南屏村叶氏支祠的门神
❸ 白墙黛瓦的民居
❹ 曲曲折折的河道

南屏,依山环水,风光秀丽,景色优美。众多的祠堂、民宅、书院、神坛寺庙、亭阁园林及36眼古井泉组成了宏大的明清徽派建筑群;纵横交错、拐弯抹角的72条古深巷形成了神奇的乡村"迷宫",充满了浓郁的传统文化氛围。

Nanping
南屏
梦中的桃源

　　南屏的小路,石块大小不一,高低不平,踩在上面,略有点硌脚。难能可贵的是,虽然游客不算少,但村子还是挺安静、挺本色的,还没有被过度商业化地开发污染。

　　大家怎么也不会想到,进村的路居然是从一家小院中通过,而且院子里还住着人。一进院子,那藤蔓交错、枝叶缠绕着的石墙,院墙一角那围着喝茶谈天时用的美人靠,院中央矮矮的石桌,光洁的石板地,那干净整洁的回廊都足以把游人深深地吸引住。站在院子里,想象着,要是石桌上再放两杯冒着热气的茶该多好啊!

　　出了农家小院的后院,就来到一条街上,街面非常宽敞,正对面的一幢老宅上赫然写着"叶氏支祠"四个大字。这个祠堂气势恢宏无比,祠堂的几十根立柱都是用银杏木做成的,庄严肃穆,还散发着阵阵香气。看

树上会同时呈现金黄、橘黄、浅绛、橙红等多种颜色，五彩斑斓。清晨时分还可以领略到雾霭笼罩、层林尽染、红叶映碧瓦、老树恋苍天的佳境。

天是许久不见的蔚蓝，树叶还留着新鲜的绿，仿佛季节从未更替。在林中四下走动，欢喜得无法言喻。年迈的树叶在风中舞动，阳光下变作半透明的金黄色。很想就这样躺下来，看落叶将地面铺陈得多温暖。很想就这样安静地阅读微风吹过的秋天。踩着地上厚厚的落叶，时而驻足观望村庄里跑出的小狗，时而用脚踢弄着路边散落的石子，像个孩童般充满了好奇。都知道皖南深山林深木秀，也都知道徽州民居古韵隽永，谁想到这里的秋色竟然也如在画中呢！停车坐爱枫林晚，这样的地方一样合适、平和、安静，远处应该还有升腾的炊烟与薄雾中的村落。这是"最气质的秋色"。

对着脚下的村庄微笑，这份发现，是旅途中最意外的惊喜。爱上这片山坡，因为她根本不像宏村，因为人们多不喜欢一成不变的风景。憧憬着在别处旅行，也许只是追求一份遗世而独立的心境。塔川，是个合适的地方，找个油菜花开的季节再来，小楼一夜听春雨，也许是一种更美的享受。

沧桑的古树，斑驳的马头墙，低吟的水车，悠闲的老水牛，还有那深秋里如童话世界般绚烂的乌桕树，漫山飘舞的红叶……千万不要以为旅游对你而言只是谈资和记忆的积累，塔川——这里有更多、更美的……

▼ **水塘雾色**

蓝莹莹的水塘是大山里镶嵌的一颗蓝宝石，有雾缭绕的时候，垂柳、民居、大山就像是建在云中的宫阙般如幻如梦。

今生要去的100个风情小镇

▲ 秋色中如诗如画的塔川

塔川 *Tachuan*

最爱红叶飘飞时

　　从宏村到《卧虎藏龙》的外景地——木坑竹海，途中就会经过塔川。背倚层叠的黄山余脉，遥临荡漾的奇墅水库，塔川远远望去正像一座镶嵌在山边的巨型宝塔。村中有一清溪穿流而过，直通奇墅，"塔川"便由此得名。

　　到达塔川下车后的第一道风景就是几棵百年大树：斑驳的树干悠然而立，仿佛老者在向远道而来的人叙述塔川的沧桑历史；粗壮的树根裸露地表，像一副巨掌，支撑起遮天巨伞。

　　进入塔川村，放眼望去，满眼的田园风情：近处田埂阡陌纵横，几头大水牛悠闲地在田间吃草；古老的水车在水渠里咿咿呀呀不温不火地转着；田边的树林里几幢民居掩映其中，隐约可见高低不一的轮廓；远处山峦起伏，色彩斑斓。站在山坡上，整幅景色尽收眼底，如同色彩丰富的油画让人赏心悦目，沉醉其中。

　　来塔川的人多半是冲着它绝美的秋色来的，塔川的秋色在于它变幻的色彩。山脚下方圆上千亩的土地上，生长着几千株乌桕古树。乌桕的树叶是心形的，霜降前后，树叶开始层层变化：由青转黄，由黄变红，而变换的步伐不尽相同，往往在一棵

▲ **唐模的桥**

唐模的桥"十桥九貌",各有各的不同,在唐模你根本找不到两座模样相似的桥。

水中尽情嬉戏。近千米的檀干溪上还有13座形态各异的石桥,这在江南水乡也并不多见。更不多见的是,桥桥各不相同,当地人称之为"十桥九貌",说法十分贴切。其中最出名的是一座廊桥,叫高阳桥。它建于明代,是一座石质双孔桥。

过了高阳桥便是独具特色的唐模水街。长约600米的唐模水街实际上是南北流向的一丛小溪,溪宽5米到10米不等,清澈的溪流终年不竭,俏皮的溪水挦过一座座小石桥,溢满一道道拦水坝,形成数道潇洒的人工瀑布流往下游。沿岸数十株巨大的樟树,撑开硕大的伞冠,与小桥、流水、人家掩映生辉。沿溪两岸近百幢徽派建筑均匀地散布在溪丛两边,民居、祠堂、店铺、油坊,高低错落又井然有序,形成夹溪的街道市井。沿街还建有40余米的避雨长廊,廊下临溪的一面设有美人靠,供村民闲谈观赏之用。凭栏临水,看街井中悠悠然的百姓,时光仿佛回到遥远的宋明时期,自己犹如置身《清明上河图》的意境中。

沿着石板铺就的绵长古路,顺着溪流向下走不远就到了皖南最大的私家园林——"檀干园",它因园内沿湖遍植檀干花而得名。

有人称"唐模全村都在画中",的确是这样。世代生长在唐模的村民,在这样的意境里,一边聆听溪声,凝望过往路人,一边酝酿心绪,回忆陈年往事。年迈的婆婆在美人靠上自在地攀谈,年轻的姑娘在溪埠浣洗,笑声散满整个溪面⋯⋯

今生要去的100个风情小镇

唐模 *Tangmo*
徽派园林的奇葩

　　齐整的徽式民居，一条绵长的青石板路，一道长长的水渠，店面前的布幌迎风翻飞，溪流旁的浣衣女笑声爽朗。如此美丽的景致，怕是只会在想象中才有。而这，就是唐模。

　　一条檀干溪蜿蜒曲折地从村头到村尾穿过整个村子，阳光的斑点在水面上欢快地跳跃，多情的鸭子在

▼ 夜幕下的唐模水街

水街从村头到村尾只有两里路，却成为明清古装戏的影视基地。

◀ 青石小巷里的古老民居

间。一路可见幽深的小巷、长有青苔的水井、锈迹斑斑的压水机，无一不带着岁月的痕迹。这里的建筑很规整，统一的四面墙体，高墙之间无草无木，视线所及仅留方寸蓝天。斑驳的外墙，青瓦上随风摇摆着的枯草，无不显现出它的冷寂。但是精美的木雕楼和那小巧的雕花门窗却向人们展示了它辉煌的过去。

卢村有名的木雕楼实际上是由七家民居组成的木雕楼群，其中最具代表意义的就是志诚堂了。一走进门便立即被遍布楼内精美绝伦的木雕所震撼，仿佛走进了一座木雕艺术的殿堂，整幢楼的门窗、屋檐、横梁、扶手都雕满了各式花纹图案。混雕、线雕、剔雕、透雕，灵活地搭配着，将花鸟鱼虫禽畜、风情典故凝固在雕刻中，无一不折射出古代艺人的娴熟技巧和超凡的智慧。门板的格局很特别，由裙板、腰板、胸板、眉板组成。胸板多为宝格式样，饰以宝瓶牡丹等图案，取富贵吉祥之兆头。眉板和腰板一般都较小，在胸板上下对称分布。眉板多雕装饰性花纹，腰板则雕刻些蝙蝠、小鹿、蜜蜂和猴子等有谐音寓意的动物图案或是雕刻二十四孝的故事劝人向善。裙板上都雕刻着各种古代故事，像"苏武牧羊""太公钓鱼""羲之戏鹅"等等。一副门板上刻出了一个书生赶考的情景，整个画面中，亭台楼阁、花树人物、远山近水层次清晰，人物的表情栩栩如生，衣服褶皱在不同的角度也各有不同，柳树枝条随风摆动，像真的一样，在木雕楼中堪称精品。一副副门板看过去，就好像看过了中国五千年的文明历史。

站在园内仰望木雕楼，森严的感觉让人情不自禁地想到《大红灯笼高高挂》里幽暗的陈家大院。安静的时候，门窗紧锁，空气也仿佛凝住了。暗淡的光线从狭小的一方天空射下来，细小的尘粒飞舞着，悠悠然落下。

与绿树相映成趣的徽派建筑

今生要去的100个风情小镇

卢村 *Lucun*
精致木雕第一乡

卢村离宏村很近,穿过一片田地,走过一段蜿蜒的田间小路,就可以远远地望见卢村了。油菜花开的季节,单单是在田间走着,心情也会出奇的好。

一进村就看见有座石桥,叫驷车桥,据说建于宋代,是由于当时卢村出了一位显赫的人物卢臣忠。古人认为,驷马高车,非显贵者不得乘坐,所以用"驷车"命名桥,显示了卢氏家族的高贵。

比起宏村,卢村安静了很多。即便是晴朗的白天,也不会看到有什么人出没,只有三五个孩子对陌生的游人感到好奇,远远地跟在你后面,穿梭于老屋与老屋之

> 那**漫天遍野**的金黄,
> 足令**鲜花失色**。
> 那灿烂绽放的金黄,
> 正给**人间增色**。

青石铺地的小巷

西递村四面环山,村落以一条纵向的街道和两条沿溪的道路为主要骨架,构成东向为主、向南北延伸的村落街巷系统。

> **春风里，**满怀香，
> 情愿在西递，
> 醉入**桃花源**里人家。

园的墙上有一整块石头雕成的"松、石、竹、梅"四君子的漏窗石雕，枝蔓精巧；后园门额为砖雕"井花香处"四字，入内有石栏古井。穿过西园再往东行十几米就是东园，较之西园，厅院一体的东园更显小巧。东园的门额上方有方扇形漏窗，与左首屋墙上的秋叶形漏窗相应，寓意"抬头行善，落叶归根"。站在园里，一线犀利的阳光透过天井上的天窗洒落厅前，一种深邃的、穿越时空的感觉油然而生……

告别古宅，可以随意地在西递的小巷里闲逛，余晖中的古巷更添了几分幽秘。在小巷转角处，挂着茶楼的布幌，"人因秋水澹，花为彩云红"，虽不是惊天动地的话语，却道出了茶的益处。吃过晚饭，三五成群，斟上一杯香茶，不需山珍海味，已是人间快事。这样的场景总会让人有一种高度紧张过后身心俱舒的感觉，仿佛无须奔忙，幸福生活已在手边。

如果你有幸在西递住上一晚，清晨早起，一屁股坐在桥墩上画张速写：宁静的、朦胧的早晨，河边徽女捣衣，桥旁荷叶婷婷……你会感慨今生何其有缘，能够让最美的一切被自己遇到。羞涩的阳光，俊秀的村落，淳朴的习俗……村头升起袅袅炊烟，村人开始做饭。傍晚时分看村民们悠闲地坐上石桥墩，你一句我一句地话着家常。小猫眯缝着眼睛懒洋洋地趴在主人身边，大黄狗耷拉着耳朵，安静地注视着过往的行人。人们自然而然地以微笑示好，尽情地挥洒自己的笑容……你会对这一切都舍不得，"留恋"就是这样一种感觉。

茶园

进入西递第一眼看到的就是矗立在村口的"胶州刺史"牌坊，这是明万历时老百姓为表彰胡文光在任时为民做善事所建的牌坊。胡文光是进士出身，曾做过山东胶州的州官和长沙王的内府长史。牌坊的规格很高，有五个层次分明的楼阁，这叫"楼阁式"牌坊，牌坊上的石雕古朴精湛，造型富丽，远远望去巍峨耸立，气度不凡。

与其他徽州古村一样，西递也出过不少名人，不约而同地都有一种富贵还乡的情结。楚霸王项羽在夺了咸阳后曾说：富贵不还乡，如锦衣夜行。在外的官员或富商都有此情结，回家乡大建宅院，规模因官位大小和富庶程度而有所不同。在西递众多的私宅建筑中，比较有代表性的就是清代开封知府胡文照家的西园和东园了。

走进西园的大门，就可以看见一个精致的院落。园子里树木掩映，花繁草盛，假山、翠柏相映成趣，角落里不时显露出漏角碎石，苍老的墙壁上镶嵌着各种各样的透窗。庭院以低墙相隔，一条悠长的小径贯穿了前园、中园和后园，每个园子的门头上都有精美的石雕。前园有花卉鱼池、假山盆景、石几石凳、石刻匾额等；中

村口的民居和石牌楼
民居古朴，石牌楼结构精巧、巍峨高耸，一切都是那么古朴、清幽。

西递

Xidi

桃花源里人家

　　虽然同属于徽派建筑风格的村落，但较之于宏村，西递的历史感更厚实，文化气息更浓重。走在西递的青石板路上，与其说是在看一座座深宅老院，不如说是在聆听宅院主人的故事，感受他们的桃源生活。

　　村里那些高大气派的古旧徽派建筑，除了一些国家保护文物之外，明清时期的房子都有人随意地住着，让人不由得心生妒忌，要是也能住在这样的房子里，世俗的烦恼也会少许多吧。这些民宅多为楼房，马头墙似乎成了徽州建筑的代表特征，每到一处，总是最先瞥见它们，墙头偶尔还蹿出簇簇生机勃勃的嫩草，幽幽地在风中招摇……

　　呈坎号称有3街99巷，街巷全部由花岗岩条石铺筑，纵横交错。就在这些曲曲弯弯的巷道里，隐藏着一座气势恢宏的建筑——宝纶阁，徽州名孝吴士鸿手书的"宝纶阁"匾额高高地挂在门上。圆穹形的屋面，轻轻扬起的檐角，精美绝伦的石雕木刻，梁柱之间的盘斗云朵雕、荷花托木雕，让人看得眼睛都有些花了。横梁上的彩绘，色彩绚丽，斑斓夺目。漫步其中，在不经意间还会看到董其昌、林则徐等历代名人题写的牌匾。寻寻觅觅中，历史就这样慢慢地行走……

　　走在呈坎，仿佛走进一个遥远而熟悉的梦，伴着淡淡的轻雾，一些前尘往事和如烟思绪犹如马头墙上的春草悄悄地蔓延生长，仿佛曾经在这里住了好久好久……

▼ 枕山环水的呈坎村

Chapter 3 ● 一生痴绝处——水墨徽州

水边的古旧徽派建筑

呈坎村依山面河而建,坐西朝东,背靠大山,地势高亢,选址完全符合"枕山、环水、面屏"的古代风水理论,被称为"美丽的自然风光与徽派文化艺术结合的典范"。

▲ 呈坎宝纶阁

呈坎 *Chengkan*
水墨画就美千年

徽州地区的风景总给人一种欲擒故纵的感觉。在山里转来转去之后,刚拐过一个弯,一下子,整个呈坎村就出现在眼前。3月间,天正下着小雨,浓重的晨雾,稠密地荡漾着,在田野间流动,原本清润的山水被涂抹了一股深深的神秘感。往前走,浓雾渐渐揭开面纱,村前面的河里游着鸭子,饮水的老牛慢慢地抬起头望望轰鸣而过的汽车,摆摆纤细的尾巴。出现在眼里的分明是一幅淡淡的水墨画。

路，蜿蜒着伸入村中。也许是雨季已过，溪流有些干涸，村民便在溪边开垦出几片菜地，油绿的菜叶生得颇为茂盛，几个村妇在溪边洗衣，撩起哗哗的水声。村口的景致并不华丽，也没有太多惹人注意的地方，很平静，很淳朴，甚至有些破旧。

虽然有些破败，但查济的规模确实很大。今天的查济实际上是查村、济阳等村的总称，一共有三条溪流穿村而过，村口的那条是其中之一的许溪，另外的两条是岑溪和石溪。有水自然就有桥，查济的桥有长有短，高矮不一，几乎每隔三五家就会有一座长满青苔的拱桥卧在那里，仿佛沉睡了很久，依然不愿醒来。

查济的巷道通达得让人迷惑，没有人数过查济究竟有多少条巷道，远远不止108条吧。靠水的路面浸润着滴答的水滴；近山的石缝

▲ 小桥流水

石桥、流水、老树，查济处处是景，这样田园般的景致随处可见。

里挤满了嫩草；热闹处被脚步磨得平滑；僻静处爬满了勃勃的青苔。我们无须知道这些巷子背后究竟有怎样的故事，只需慢慢地行走在这些整洁的、延伸于斑驳的马头墙间的小巷，静静地聆听自己那带着回音的脚步声，悠远，飘荡……

查济依然保留着很多明清建筑，而且大部分房子还住着人。人们已经习惯了像景点旅游一样地穿梭其间，而主人们似乎早已习惯，旁若无人地作息。在阴凉的古宅大厅里坐下来，看着阳光从天井中射进，感觉时间缓缓地流动。如果有来世，我愿意化为这古宅中的一株小花，只为了邂逅这一份感动。

今生要去的100个风情小镇

查济 Zhaji
情迷悠长巷道

查济，依山傍水。秋天的时候，片片落叶在脚下堆积得很高很软；山上流下一条潺潺的溪流，声音清脆动听；远处村落里几棵参天的大树依然挺拔。整座村庄安闲地俯卧在金秋空灵的天幕下，悠悠地散发着沁人心脾的芬芳，令人陶醉。

一条小溪穿村而过，溪两边各有一条窄小的石板

❶ 烂漫春之花
❷ 高墙寂寥，小巷幽幽

查济村四面环山，岑溪、许溪、石溪三溪合一穿村而过，因河水落差较大，沿河错落有致地建有多道拱石桥、板石桥、洞石桥，将两岸民居相连。

❸ 查济的秋
❹ 翘角飞檐的徽派建筑

98 | Look >>

"中国画里的乡村"。

宏村是徽州望族汪氏聚族而居之地。12世纪初汪氏先祖避难南迁，至风景秀美的雷岗山下，定居了下来，定村名为"弘村"，取"扩大而成太乙之象"，即"宏广发达"之意。乾隆年间改为今名"宏村"。

▼ 月塘

月塘，又称月沼。寓"花开则落，月圆则亏"，将月塘掘成半月形，追求的是一种"花未开、月未圆"的意境。

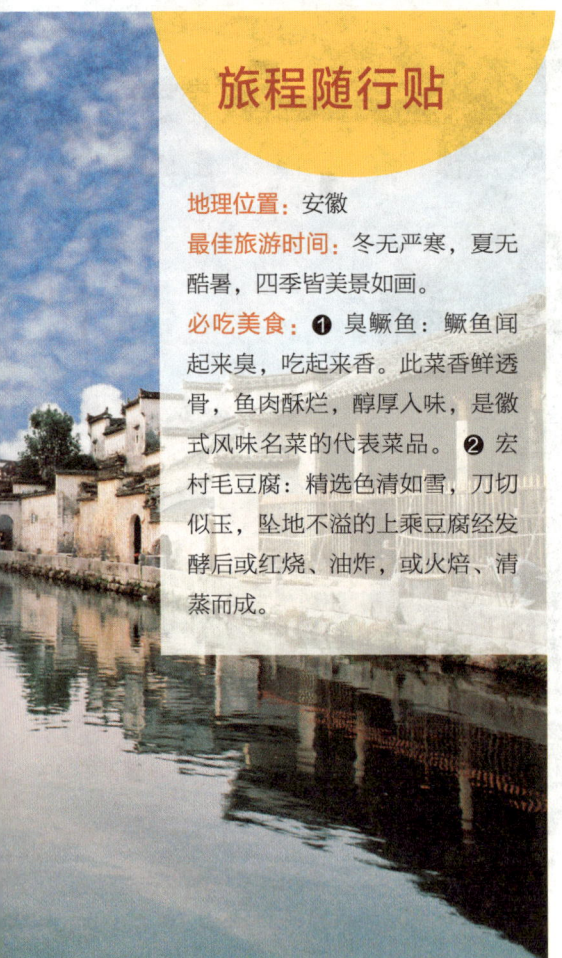

旅程随行贴

地理位置： 安徽

最佳旅游时间： 冬无严寒，夏无酷暑，四季皆美景如画。

必吃美食： ❶ 臭鳜鱼：鳜鱼闻起来臭，吃起来香。此菜香鲜透骨，鱼肉酥烂，醇厚入味，是徽式风味名菜的代表菜品。❷ 宏村毛豆腐：精选色清如雪，刀切似玉，坠地不溢的上乘豆腐经发酵后或红烧、油炸，或火焙、清蒸而成。

高处俯瞰，宏村就似一头卧牛处于青山环绕、稻田连绵的山冈之中。而在这九曲十八弯的村落里，现在有明清古建筑137幢，除了非常著名的有400多年历史的水利工程设施月沼、南湖等遗留建筑外，村里的"承志堂"是皖南古民居中一出蔚为壮观精致的"折子戏"。

远远望去，村落里高大的马头墙巍峨耸立，其中的斑驳陆离，将历史的痕迹悉数展现，似乎能把人的精魂都吸附进去。而青瓦白墙映照在一弯盈盈而过的水中的景象，就更加使宏村显得扑朔，让人沉迷进那幅生动朴素的中国山水画中。当你顺着青石铺就的小径，从大大小小独门独户的人家门口经过，宗族祠堂、书院、牌坊、大户人家院落，天井、花园、房梁、屏风、家具，用砖、木、石雕刻的各种图案，人都恍惚寄生于明清，自身都是深闺高楼中低头睥睨的女子了……

最著名的，是承志堂中的徽派木雕。这里讲的是对景，就是无论身处什么位置，都有景可看。比如在前厅横梁上的"宴官图"，斗拱上的"三国演义"，甚至边门上的"商"字的图案，都雕刻得精巧细致，纤毫微妙。而其中贯穿的人物形象更是千姿百态，令人无比喟叹。

就这样，背靠青山绿水的宏村，显得那般迷蒙而幽远，仿佛你一次次地走近，走近，都一次再一次地更深更深地，被它碰出那擦动心灵的火花……

今生要去的100个风情小镇

宏村 *Hongcun*

清泥小巷画中人家

安徽自古人杰地灵，徽娘的风情婉约与蕙质兰心更是为人称道。而其境内的小城镇黟县，曾被诗人李白称为"小桃源"，因为其远离世外，异常清幽明静。也正是在这里，有着一处中国典型的乡村民居——宏村。

宏村背依黄山余脉羊栈岭、雷岗山，地势较高，常年云蒸霞蔚，时而如泼墨重彩，时而若淡抹写意，恰似山水长卷，融自然景观和人文景观为一体，被誉为

画桥

《卧虎藏龙》里周润发衣袂飘飘、牵着白马悠然走上小桥的镜头就是在这里拍的。

Chapter 3

一生痴绝处—— 水墨徽州

　　黑亮的青石板把我们带到了村中久享盛名的汪氏"三雕"。"三雕"在清末徽商汪允璋、汪允圭兄弟俩建的"继序堂""礼耕堂"中,是晓起独有的雕刻艺术。礼耕堂的垂花式门楼高雅精致,大型砖雕整幅镂空,共刻画了"琴、棋、书、画"四幅陶冶性情的生活场面。门楼下面四块诙谐的石雕,分别用"雀、鹿、蜂、猴"隐指"爵、禄、封、侯",庄重而幽默,商人想做官的心理可见一斑。

　　走出礼耕堂就来到村西北角的"三月井"。三月井建于唐代末年,取北山泉水,清冽甘醇,四季不涸,几百年来静静滋润着一代又一代的晓起人。村里人告诉我们,每到月明星稀之夜,月亮在两井中各映出一轮月影,人站在两井之间,看到天上的月亮与水中双月相映生辉,于是村里人称此为"双井印月",又因为此时能看到三个月亮,故取名"三月井",真是"举杯邀明月,对影成三月",别有一番趣味。

　　穿过村子,来到人称"金坞"的名贵古树观赏园。园中共有古树600多株,高大青翠,遮天蔽日。园中不仅有千年的古樟、古枫树,还有楠木、红豆杉等珍贵树种,晓起"生态绿洲"的名号真是名不虚传。古树上缠绕着手臂般粗大的藤蔓,千年的古树,也只有千年的藤蔓才配得上吧。古树园最先攫住我们视线的,是一棵编号850的古樟,它已有1570年的历史,见证了晓起曾经的荒凉、繁盛和今日的清幽,也目睹了晓起人千年来的风雨悲欢。

　　炊烟缕缕,水车吱呀,清浅的河水,惬意的摇船,苍翠的香樟下,一两声牛的长哞,让人不想归去。

　　晓起,好一幅让人清净、让人平和的山水画卷。

每年三四月油菜花飘香的时候，就是晓起最美的时候。群山如抱，蓝天碧水，粉墙黛瓦的古老村落点缀在广阔的油菜花丛中，如同一幅花黄柳绿的写意丹青。

晓起 *Xiaoqi*

油菜花黄香樟古

初到晓起，便被云雾缭绕的水口镇住了。水口双瀑下两座千年的石碣，让我们第一次看到"水往高处流"的奇景。而石碣旁边，千年香樟遒劲的枝丫横亘水上，古树身上青藤的丝缕已垂入水中，衬托出一片宁静与悠然。

水口前有号称"江西第一大牌楼"的晓川牌楼，高14.8米，宽14米，庄重地矗立在清风碧野间。穿过牌楼，便来到千年古桥嵩年桥上一座凌空而建的竹茶楼，在茶楼里沏上一壶婺源的名茶，迎着山野的晨风，听脚下流水潺潺，观两岸水上人家，一路的奔波竟只剩恬静与悠然。

沿着驿道往村里走，自然与古朴的感觉袭面而来。青石板铺就的驿道纤尘不染，倒映着晓起明清时期徽派建筑高峻的马头墙，折射出幽幽的光。晓起，多么像历史博物馆中悬挂着的黑白旧照片。

徽派建筑的代表。"铜绿第"的主人是一位官商,在清代以经营化工生意起家。

"文昌阁"是李坑人为保佑后人金榜题名而建的庙宇,二楼的墙上挂着李坑的18位进士的画像。"文昌阁"里,又不知多少归隐权贵文人雅客在此处品茶对弈、吟诗作画,尽显风流。除了这些出名的富贵宅子,普通人家的生活也是很有韵味的。简朴的古宅里一样窗明几净,摆设虽然不多,但大多古色古香,无不流露出远古的气息,让人深刻感受到传统的民俗与文化在普通百姓中的坚守和传承。

柳暗花明地穿过小巷,集市上的闲逛才能发现李坑的真正魅力。河流从镇子中穿过,老板就在船中招揽生意,河道两旁是挂着大红灯笼的古老商铺,商铺前的青石板上人声鼎沸。在桥头上俯瞰桥旁两岸的人潮,让人想起当年这里

❶ 村中的孩童
❷ 民居的屋顶
❸ 田园般的村落
❹ 文昌阁

应该也是如此,商贾云集,人来人往,热闹情景不亚于秦淮河上夜夜笙歌的景致。

若你嫌沿溪的店铺太过吵嚷,可在溪边随意选一艘小竹筏,让主人带你漂流。小溪就是小溪,坐在竹筏之上,身体跟岸边的房子挨得那么近,岸上的一切,都看得真真切切。一户人家的门敞开着,院里摆着几盆小花,一条大黄狗懒懒地趴在花丛下,拨弄着脚底的土,很是悠闲。桃花源也不过如此吧,过着简单的生活,保持着和善淳朴的民风。

油菜花开的时候,蜜蜂纷飞,莺鸟啼鸣,这时告别李坑就会很难受,带着满满的美好记忆,就此起程吧……

水"不好,就没有人愿意和这家结亲家了。村子两侧青山隔溪相望,一条青石板路不知道从哪里伸出来,悠然地向村内延伸,路面的斑驳与残破,似乎在告示游人曾经承载的风月与繁华,经历的岁月与沧桑。

蜿蜒的小溪水从村中流过。溪水是李坑不能缺少的风景。小溪漫漫,每隔一段距离,就能看到村民用来引水灌溉的装备,很简单,就是用剖开的竹筒捆绑而成,但是很有诗意。坐在桥上,看着青山环抱,绿水萦绕,田园青秀的小村,风光旖旎,一切都是那样的和谐,那样的安详,那样的古雅,教人都不想走了。

雨中的李坑别有韵味,有些苍茫,有些寂静。山峦间飘荡着层层的雾霭,山,看不见顶;房屋,隐去了清晰的面容。偶有清风拂过,黛黑的马头墙缓缓

地崭露头角,墙头还有一株小草呢。浓雾笼罩下的一切都显得有点模糊,却又更富诗意,平整的石板路、马头墙、青石门、牌楼、茶亭、廊阁都是那么的有神韵,让人不知是身在现实中,还是在梦境里。

婺源商人是徽商的重要一支,在李坑也不乏气势恢宏的豪贵建筑。走进"大夫第",看见门口那高贵的门槛,高啄的檐牙,屋内有梁雕、窗雕、门雕,都栩栩如生。李坑有雕刻的古宅很多,历史悠久,这一切无不显示着昔日李坑的富贵与荣耀。难能可贵的是这些豪门虽然富贵却不欺人,所建的房屋均削去一角,因为在徽商的心里,自家锋利的屋角会对邻里造成不利的影响,于是自动削平墙角。而且,后建屋的人总是比先建屋的后退几尺,表示礼让之意。有着350年历史的"铜绿第"是这种

古旧的民居依然自信地保持着原貌，与溪水一同固守着逝去的岁月。

 *Likeng*

李坑　小桥流水人家

收获的季节，默默地走在李坑悠长的石板道上，可以看到一个个背着稻谷的村民，穿过小桥，往深幽的街巷走去，单薄的背影渐渐远离视线，只留下铿锵的脚步声回荡在高墙间。溪水淙淙，思念也重重，这样的景致总是让人惊讶的，不知道为什么。

李坑位于江西省上饶市婺源县秋口镇，距离婺源县城不远，中间有平坦的马路，途中可以观赏到纯粹的山间美景，青山依旧，绿水长流——这就是李坑给人的第一感受。在那里，有山有水的地方都叫"坑"，村人多姓李，所以就叫"李坑"了。

村口有一个高挑的牌坊，顶部隽秀的"李坑"二字告诉人们，真正的小桥流水人家就要到了。一片美丽的田园风光，农家门前自辟的小园，长着葱葱的几畦青菜，小园近旁流着淙淙的小溪，与旁边的白墙青瓦相映成趣。村口几棵硕大的古樟枝繁叶茂，生机盎然。古徽州地区的百姓似乎对樟树有一种特别的感情，据说婺源人家在喜得千金之后，总要在门前种一棵樟树，待到女儿长大，樟树便也成材了，可以为出嫁的女儿做嫁妆。香樟的生命力很强，假如樟树长不好，那就预示着这家的"风

化，或者就是婺源的农村在彼此间协调一致而又与外界的乡村借此相区别的一系列的特色。婺源的乡村叫得上来名字的有很多，秋口镇、江湾镇、李坑村、清华镇、虹关村、庆源古村。这些乡村的景物风格大致都是"水绕山环"的模样。婺源古村的风景就是这样如诗如画，就像与江南有关的水墨画里所点染的那样，梯田、溪流、古树、民居、木桥、牧童，一样都不会少。

程朱理学是婺源山水育人的骄傲。紫阳古街上至今留存着朱熹的祖居，不仅仅是为纪念一位生长于斯的学者，更是对朱子文化的肯定。婺源的民俗就是徽州的民俗，因为曾被从理学的高度仔细地打量审查过，所以一点不见丑陋，相反，一切中规中矩，合乎礼乐。以6月6日为例，这一天是婺源民俗上所谓的洗晒日，就是将家中衣服浆洗好了，放到太阳底下晒干，据说可以祛邪防虫。久而久之，读书人也参加了这样的活动，将自己的藏书搬到太阳底下晾晒，据说晾过的书可以在一年里不被虫蛀鼠啃。

以上就是婺源可以作为徽州文化杰出代表的一些理由，当然，这似乎也不能道尽婺源风物人情所有的可爱和极致。婺源给人的感觉不是僵硬的，而是一种柔软的亲和状态，以至对这块土地，我们的心永远也不会觉得陌生，而对那里按捺不住的渴望使得婺源的形象在我们的精神世界里一再顾盼生姿。

到婺源去吧，在那片油菜花田上耕读，我们永远都不会老。

村民晾晒的食物

婺源彩虹桥
彩虹桥是中国历史最悠久的廊桥，建于南宋，规模最大，被誉为"中国最美的廊桥"。

梯田里的油菜花

梯田依山顺势，油菜花直连云天，让人无不为这种磅礴的田园美景而叹服。

背靠青山的民宅

婺源的美是与油菜花和粉墙黛瓦的建筑联系在一起的，缺一不可。

似乎不久前，婺源还属于安徽的，直到20世纪三四十年代才被划到江西的治下。对于婺源，有一个词条是现在被大家叫得最响亮的：徽州文化。古时候，大概是宋朝吧，徽州府的辖地包括歙、黟、婺源、休宁、祁门、绩溪六县，但是就徽州文化本身光大和浓郁的气候来说，婺源堪称是最盛的。

婺源的建筑无可推诿地属于徽派，从城市到乡村，莫不如此，以至于人们为徽派建筑的风格寻找标本的时候，就会提到婺源。在婺源民俗风情街上的那些建筑，如果仔细地考察一下，哪一座不是青瓦白墙？哪一座不是马头山墙？亭台楼榭，哪一座不是婺源所特有的那种味道呢？在乡下，徽派建筑的空间就更广大了，徽派民居的风格也被演绎得淋漓尽致。每一户人家都极力地修饰自家的黛瓦粉墙，青白的颜色在视界里那样了然清晰，而许多家的房子以一种随意的秩序在水塘边上排布开来的时候，衬着青草的绿色和房前屋后一片金黄的油菜田，显得那样高雅舒适。

婺源的百柱宗祠，是徽州宗祠文化的经典代表。这座位于黄村的宗祠始建于康熙年间，名为百柱，实际上用到的是99根。这是一栋可以拿来和当时的金銮殿相媲美的建筑，几乎用尽了徽州文化里面所有的建筑智慧。

村落文化其实不是一种具体意义上的文

Chapter 2 ● 画船听雨眠——梦回水乡

婺源 *Wuyuan*

花海衬水墨

婺源的美是和油菜花田联系在一起的，就像同它一样的黛瓦粉墙的徽派建筑。朱熹时候的婺源，也一定是村头村尾开满了油菜花，若不是这样，他也不会叫喊道"一生痴绝处，无梦到徽州"了。

> "如果你有幸去过绍兴，你的心底，将始终封存着一处温柔水乡。"

▲ 绍兴东湖

东湖的景观奇妙，虽没有水天一色的浩渺气势，但给人一种小巧而有灵气的感觉。

安营、设府，所以绍兴又像一个立南面北的人臣之城。就这样，过往的痕迹被绍兴小心翼翼地收藏，以至行走在绍兴今日的街头，1700年的历史便在抬目举足间倾入眼帘。

或许我们应该趁着春日无多在这里巡游，为我们的心数算它的英雄，为世界兄弟朗读我们的中国诗歌，人手一杯上好的花雕……

今生要去的100个风情小镇

绍兴 *Shaoxing*

流觞曲水参差是

绍兴就像一坛被窖藏得很好的花雕，而今我们所尝到的甘冽，正是来自历史上年复一年的酝酿和窖藏。从有勾践卧薪尝胆、矢志吞吴的越，到王右军悬腕挥毫、意气淋漓的东晋，又继之到岳飞独木难支、半壁江山拱手让人的南宋，转而是秋瑾长虹贯日、苍鹰击殿的清末，再到鲁迅先生为之"横眉冷对千夫指，俯首甘为孺子牛"地付出的如磐风雨岁月，如此一气呵成的沧桑纪年，最终尘埃落定地成就了一碗佳酿，名字叫作绍兴。

绍兴南靠耸峻的郁郁青山，北有柔媚的星星湖泊和钱塘海河，绍兴从来都是一个温和中见刚烈的城镇。这是一座不曾被荒废的城池，在这里虽然大大小小的战事不断，却没有过灭城的历史。每一次朝代跌宕过后，城墙被收拾一新，旧的工事被加固，新的统治者在这里

◀ 沈园

园内亭台楼阁，小桥流水，景色绝妙。陆游曾在此留下著名诗篇《钗头凤》。

Chapter 2 ● 画船听雨眠——梦回水乡

一座座小桥沟通了小城内如织的水路,来到南浔,迈过这一座座小桥——清风桥、明月桥、通津桥、洪济桥、便民桥……一座桥便是一个历史的记忆。那半圆形的石拱桥横跨在市河之上,与水中的倒影组合成一轮满月,斑驳的青灰色像清晨的残梦,总会勾起一股令人回忆的思绪。

随意找一条小巷子,那种窄窄的,深深的,间或有老式煤饼炉子的青烟飘起的小巷,慢慢地踱进镇子里。小木窗、小木门、白灰墙,八仙桌、灯挂椅,窗台上精致的瓷花盆里种的兰花……无不透出历史的富足。

来到南浔,"百间楼"的故事是不可不知的。400多米长的青石板路,一步一步地讲述着"百间楼"的历史。"百间楼"是江南一带极为罕见的沿河民居群落。楼沿河而建,顺河道蜿蜒连绵,显得很有层次感,与不远处的洪济、通津二桥组成一幅"小桥、流水、人家"的江南水乡风光。

傍晚或者清晨,从小店出来,一个人静静地站在洪济桥高高的拱顶上,那种感觉也很惬意。看晚霞或者晨雾中的"百间楼",那层叠的楼影,在霞光或雾中,非常富有层次变化和朦胧的美感。那三叠式的封火墙也好,那拱形的过街卷洞门、水柱廊檐也罢,都静静地在玻璃纸般的河面上映出完美的倒影。

走进南浔,这水乡是一方潮湿安静的净土,可以凭思想在历史的空间放逐,人们也同样把自己的心境真正融入其中,与之对晤。这是一种自古不变的心灵的契合。当从中走出,你的身后已经带上了它固执的烙印,就像自身注定的命运般与你如影随形。

▼ 水畔茶馆
走累了,在水边小憩,品茗赏景,人生何处不惬意!

旅程随行贴

地理位置： 浙江北部

最佳旅游时间： 四季皆可，春暖花开与秋风送爽的时候更佳。

必吃美食： ❶ 粉丝千张包：千张薄而韧，包得密不透气；馅心用纯精腿肉、朝鲜开洋、日本干贝等制成，香浓汁鲜；粉丝短而粗，柔软入味。❷ 双林姑嫂饼：扁圆形，厚薄均匀，表面印模清晰，底面光洁，粉质细腻、油润，酥松爽口。

百间楼

百间楼因两岸傍河建楼百间，又架长板石桥连接两岸而得名。傍河而筑的百间楼，有的充分利用空间筑骑楼；有的楼前连披檐，故街道行人方便，雨季可避雨，夏季可遮阳。百间楼的封火山墙，有三叠式马头墙，也有琵琶式山墙，高低错落，极富情趣。

Nanxun
南浔 地道老滋味

南浔给人的记忆是那千年的古桥与百年的老屋。桥存在，屋存在，这些千百年前的建筑至今依然矗立在南浔，矗立于它们当时出生的地方。

❶ **南浔的冬**

灰墙黛瓦间的古巷、斑驳的石板路、干枯的老树枝，古朴得别有一番韵味。

❷ **层次分明的老屋屋顶**

▲ 回龙桥

布满爬山虎的回龙桥下，一村民在洗衣；在家里，村民忙着编筐，这就是农家的日常生活。

戏水，好一派世外桃源的景象。

顺溪上行，踏入幽静的进村小道，鹅卵石铺就的路面疏密有间，晴雨皆宜。或许经历了岁月风霜的洗刷，石子一颗颗均泛着幽幽的光泽。循着小道一路来到苍老城垣下的古城门前，城门两边赫然写着"郭外风光古，洞中日月长"的对联。好一个"洞中日月长"！这莫不是一扇将尘世喧嚣阻挡在外的隔世之门？走进村子，便可看见大片的明清时的建筑，仔细看看那些细节的地方，就会看出不平常来。一扇普通的窗子，竟会用上穿雕、浮雕等不同的雕刻技艺，虽然时间让这些雕刻不再栩栩如生，但仍可以看出当年工匠的心思。这些建筑中，最显眼的便是何氏宗祠，应该是明代时建造的，经过数百年的时光历练，至今看上去依然很有气势。可惜的是宗祠的大门平时是不会开的，而且还用一块两尺高的木板拦在门槛上，只有祭祖、宗族大会或高官来访时才开。和古代相比，现代的建筑技术不知先进了多少，也不知增加了多少建筑成本，但是，真正说得上有气势的还是不多，这不是仅靠技术和钱能够实现的。

从这些古宅中走过，所有的感官都会被调动起来，好像身边有一个百岁的老人，慢慢地讲述郭洞逝去的岁月，又仿佛身陷于某个错落的年代，有点恍惚……

>> Look | 81

今生要去的100个风情小镇

郭洞 *Guodong*
今生梦寐无尽时

乍听到这个名字的时候，很多人会以为郭洞是一个神秘的洞穴，真正见了面才知道并不是想象中的深山老洞，而是在群山幽岭之间，一个"山环如郭，幽峰如洞"的古村落。而且郭洞人也并不姓郭，他们姓何。

径直走在一条鹅卵石的小道上，

▶ 海麟院

▼ 当地民居
青草覆盖的碎石小径之间的房屋并不高，就连点缀在其间的小树也显得很秀气，浓浓的生活气息从晒在匾里的农家作物中透出来。

旁边是被古城墙围绕着的葱茏古树群。这里的许多树可能都有三四百年，要几个人才能围抱。据说郭洞人视龙山为神山，严加封锁，保护植被。这甚至体现在郭洞的族规上：上山砍伐一棵大树者，断其一臂；砍伐一棵小树者，断其一指；折一树枝者，拔其一指甲。应该感谢这样严厉的族规，村庄的空气格外清新，沁人心脾，有种清新怡神的感觉。抬头仰望这些古树，似乎可以感觉到古人天人合一的崇高境界。不要小看了古人的智慧，听说这个小小的村子竟然是根据阴阳五行而建的。在树的映衬下，脚下的流水也似乎有了灵气，让人驻足良久。也许是生活在都市太久，已经见不到"绿色"的河水，而今，脚下这条小溪清澈见底，有小鱼在其间自由

▲ 烟雨西塘

清晨的西塘，仿佛蒙在一层纱中。早起人家的炊烟淡淡地飘在空中，给挂在屋檐下的串串红灯笼染上一份神秘的色彩。

地"，这桥更多是实实在在的结实。一块块石头搭起的拱桥，貌似普通，却连接着600年历史古镇的完整。

西塘最著名的不是那些桥，也不是那些铺在地上只有薄薄一层的石皮弄，而是有"烟雨长廊"之称的廊棚。长长的沿着西塘河而建的"烟雨长廊"有1000多米，是众多江南水乡中独一无二的建筑，也是古镇中一道最独特的风景线。走在下面既无日晒雨淋之苦，又可尽览水乡烟雨秀色。漫步廊棚，尽管脚步轻轻，石板也会发出"咚咚"有节奏的响声，因为廊棚上的石板有些是空心的，据说这是有意铺设的，为使积水流走。

来到西塘不喝一碗西塘的碧螺春，就不算来过西塘。在西塘水边的茶楼里，点一杯碧螺春放在面前，蓝花白瓷杯中的茶清馨香远，品着桌上小碟五香青豆，三五人聊着天，长廊和石桥上还能时不时地听到有车铃声响过。河边石级上有三三两两洗菜的老人；临河看店的老伯，一边逗着可爱的小孙子，一边照顾着生意……

恍惚间，不知茶水已过几杯，细细相数，从西塘人嘴里，一步步走向熟悉的西塘，感觉自己正融入小镇人的生活中。就在这澄澈茶水中，背弃城市里的躁动，带着一颗重新起航的心驶入这里，与朴实的西塘人把茶言欢。

今生要去的100个风情小镇

西塘
Xitang

为你梦萦魂牵

西塘的美比不上周庄，它的知名度也比不上乌镇，但它的空气会令人的心肺感到前所未有的舒爽。穿过西塘入口那条狭窄的深巷，一个典型的江南水乡古镇风貌顿时呈现在眼前。清清绿波环绕着古朴的民宅，水面上时时摇曳而过的小舟，这分明是诗中的意境。"小桥、流水、人家"贴切而自然地描述了西塘的生活。

在西塘有很多的桥，这桥不似陈逸飞先生画中的周庄双桥，没有它"神话一般的境

旅程随行贴

地理位置：浙江嘉兴
最佳旅游时间：气候宜人的春、秋两季
必吃美食：❶ 芡实糕：口味多样化，除了原味，还有桂花、薄荷、核桃、草莓等，吃起来软软糯糯，甜而不腻，回味无穷。
❷ 麦芽塌饼：是西塘千年风俗之特色时令点心。口感柔软、不粘糊，能消食降脂。

绿波绕古宅
绿柳掩映下的古宅深厚而明艳，古朴而清丽。

沉睡中的水乡

旅程随行贴

地理位置：浙江省
最佳旅游时间：春天与秋日，夏季阳光会晃人的眼。
必吃美食：❶ 红烧羊肉：肉块颜色深红，肥而不腻，吃起来酥酥的，汁水滋润，胡葱与萝卜软烂吸足了肉汁，有时甚至比羊肉还要好吃。❷ 乌镇定胜糕：莲花状，雪白的五个花瓣中央点缀了绿色和红色的果脯丝。外层是精制的香米和糯米粉，里面是豆沙馅，中间混有少量白糖和桂花，味道香糯可口，甜而不腻。

今生要去的100个风情小镇

▶ 古镇漫步

小巷蜿蜒，游人漫步其中，欣赏古镇风景。

▶ 如意桥

如意桥造型别致，像一柄流畅的如意，故有其名。

▶ 古桥夕照

夕阳照在高高的屋檐和古桥上，水面泛着粼粼波光。古旧、安详、幽静成为这一时刻最为深刻的记忆。

Wuzhen
乌镇 有疑天颜不老

乌镇就像它的名字一样，质朴、传统而又韵味无穷。乌镇多桥，小小的镇子，在康熙年间竟有124座桥，号称"百步一桥"，现今也还有39座桥。其中最负盛名的要数乌镇西栅的通济桥和仁济桥。两桥呈直角相交，站在桥下，望水中倒影"你中有我，我中有你"，让人不由得想起《断章》中"你站在桥上看风景/看风景的人在楼上看你/明月装饰了你的窗子/你装饰了别人的梦"的诗句。

在乌镇，"水阁"似乎比桥更能吸引人们的注意。乌镇的民居不仅沿河而建，而且有一部分已经延伸至河面，下面用木桩或石柱打在河床中，上架横梁，再搁上木板，当地人称其为"水阁"。水阁，是一个窗口，让你看到了真正的"水"乡，更让你看到实实在在的水乡生活。

漫步乌镇，黛瓦朱门，白墙青砖，小巷蜿蜒曲折，水阁亭亭玉立。没有周庄的名厅，没有同里的豪宅，她像一位穿着蓝印花布小褂，在小桥上行走的女子，细腻、柔婉，美得自然而不肤浅，让人放松，也让人陶醉。所以，乌镇的爱情也应该是简单而醉人的，像当年白素贞与许仙的相遇，烟雨朦胧里看似波澜不惊却情意动天。

菜，随意而为。

荡一叶小舟，悠然地在明晃晃的河道里游走，座座拱桥从头顶而过，听撑船的老人慢慢地讲着朱家角的古老传说——水声、桨声、笑声、吴语，在耳边汇成一曲曼妙的轻歌，在这"威尼斯"小镇上空回荡……

> **旅程随行贴**
>
> **地理位置：**位于上海市青浦区中南部，紧靠淀山湖风景区。
> **最佳旅游时间：**四季皆可，以春、夏、秋最佳。
> **必吃美食：**❶ 红烧扎肉：扎肉是用粽叶包着五花肉一起红烧，肉质鲜嫩香滑，带有淡淡的粽叶清香。❷ 将藕孔填塞糯米，加糖加水煮透，香甜可口，甜而不腻。

▲ 粉墙黛瓦的民居

▲ 荡舟游览

▲ 色彩绚丽的树木

▲ 河道旁的古建筑

朱家角
Zhujiajiao

上海威尼斯

放生桥

放生桥如彩虹横跨于漕港河上，现桥上有龙门石，镌盘龙八条，环绕明珠，形象逼真。桥顶四只迎客石狮，仰头张嘴，憨态可掬。中间有竹节望柱，桥面中央镶嵌雕花石板。

朱家角有"三多"：名人多，明清建筑多，河埠、缆石多。山清水秀的地方总会有很多人才，所谓人杰地灵就是这样了。朱家角在明清两代共出进士10多人，还不乏行业的精英，只是一般人都不知道他们的名号。有些历史的地方必有很多古老建筑，朱家角的建筑以明清建筑为主，"三泖渔庄""王昶故居"和无数沿街明清建筑，让人仿佛置身于某个明清影视基地。水和桥恐怕是江南水乡的永恒话题，河道纵横，商船往来，在遥远的年代，船怕是朱家角百姓的唯一交通工具，河埠、缆石多也是必然了。

穿街走巷，小小的镇子很安静，大多人家沿河临水而住。小河边石头砌成的堤岸左拐右拐，每过一小段就有台阶向下，人们可以到河水边，洗衣、洗

▲ 弯弯曲曲的河道

悠悠的水、曲曲的河，斑斑的粉墙、沉沉的黛瓦，千年吴韵，梦里水乡。

我们来自另外一个世界。

走在甪直的老街，你一定会陶醉于它那传统的街坊景观。在这里，在弹石铺就的路上高低深浅地走，你将喜欢这样的感觉。卵石早已变得浑圆，在江南的阳光下越发可人。路宽仅三四米，两侧是密密相连的商店，和住宅连在一起，前店后居，店店相连。也只有那通向河埠的出口才有空缺处。如果你觉得有些疲惫，这便是最好的歇脚处。随便找一家小吃店，让店主在靠着河的栏杆边放张小桌子，你就可以坐下来静静地歇息，静静地享受……

今生要去的100个风情小镇

甪直 *Luzhi*

难识地名，难忘古镇

进入甪直古镇的第一个感觉就是桥多，置身其间，转步即桥。一座座小桥宛如一件件精美的艺术品，细心地看去，你将为桥身上栩栩如生的浮雕感慨。站在桥上，俯视那缓缓的流水，举目所见是两岸杨柳依依，微风拂过，吹皱的水面下偶尔几条小鱼游过，不禁让人想起庄子和惠子之间有名的鱼乐之辩，不由莞尔。

甪直境内水流纵横，桥梁密布，贴水成街，居民枕河而眠。如果在岸边雇一艘船，倚在船头，顺着弯弯曲曲的河道游走，闲看风景，好像自己真的在一幅和谐的水乡风情图卷里：那提着桶蹲在石级上，在河里濯洗衣裳的妇女，显得那样的自然而惬意；河边上悠闲的老汉，掐着烟卷，用洪钟般的声音与来往行人打着招呼；漏窗的花格里传出女人的笑声……看着这一切，静下心来感受一下，忽然觉得这小镇就是一个单独的世界，而

▼ **形态各异的桥**

甪直镇历来有"桥梁之乡"的美称。一平方千米的古镇、5.6千米的河道上最多时有宋、元、明、清时代的石拱桥72座半，现存41座，造型各异。有人称甪直为"桥梁博物馆"。

Look >>

历史上，这里是中国四大探梅胜地之一，现在还能看到一些文人墨客探梅后留下的墨迹。山中的古闻梅轩和梅花亭，就像飘浮在茫茫雪海之上的玉宇琼阁。到探梅的季节，邓尉山的"香雪海"可谓暗香浮动，繁花似雪。除此，还能追忆康熙、乾隆皇帝及唐伯虎等文人的咏梅情怀。若不是探梅时节，还有桂花可探，在这绿水青山的太湖之滨，迤逦十多里的山区，宅边路旁，山前山后到处盛开着桂花。金秋时节，一片金色的海洋，微风吹过，阵阵清香，随风飘拂，沁人心脾。据说这里还有折桂花馈赠亲友的独特风俗。但是看着树上朵大瓣厚的桂花，实在不忍下手。让人留恋的还有半山腰小小茶室里的桂花茶，可能茶室里面很小，但外面正好有一片大树下的阴凉，管理茶室的老人会热情地泡上茶。茶叶就是从山上的茶树上采制的，味道很香。

雨依然淅淅沥沥地下，漫无目的地闲逛在光福镇大街上，饿了就找一农家就餐，喝几杯桂花窨制的香茗，饱尝一下太湖水鲜，再饮一壶桂花酒，尝一碗桂花糖芋艿，吃几片桂花糕，真是其乐无穷。

蒙蒙雨天，随意地去一些小地方走走看看，美景佳迹，古居古韵，有种清凉渐入心境，当风路过时，烟雾掠过脸庞，一切都变得不真实起来……

❶ 光福塔
位于龟山之巅，是光福镇的标志。
❷ 水畔人家

铜观音寺

建于梁朝,这是吴中最古老的寺院,殿内供奉有铜观音像。

光福 Guangfu

湖光山色,洞天福地

　　江南烟雨多凄迷,是不会妨碍去光福古镇小憩的闲情逸致的。也许有人不知到过苏州多少次,却从来没有到过光福这个地方。这并不奇怪,如今的光福是一个默默无闻的地方。

　　苏杭小镇,尤其是雨中的苏杭小镇,总是让人想起雨巷,想起撑着油纸伞的姑娘。观音寺前,石巷蜿蜒,细雨飘飞,空气中弥散着丁香一样的彷徨和哀怨。这是吴中最古老的寺院,殿内供奉有铜观音像,观音仿佛刚从南海踏水而来,全身被海潮打湿,故而衣裙紧贴身体,凸现出了优美的线条。只是寺院看上去明显是新修的,唯有院中一棵枝繁叶茂的香樟树略显沧桑。天台的一侧,还有一棵高大的梧桐树,枝头居然挂着不少成熟的梧桐籽,伸手可摘。寺后有曲径通往后山,叫龟山,因为山顶池塘中有一个石龟立在那里而得名。观音寺往前是光福塔,塔下的古樟长得郁郁葱葱,浓荫蔽日。登塔得攀登88级台阶,塔内有49尊石佛,塔的第5层可以全方位地领略号称天堂的苏州的湖光山色。登高俯瞰光福镇全景,远眺崦湖烟雨蒙蒙,塔铃随风而曳,颇有"不在画中已入画"的意境。带点湿气的湖风吹过来,让人感到心旷神怡,通体舒畅。

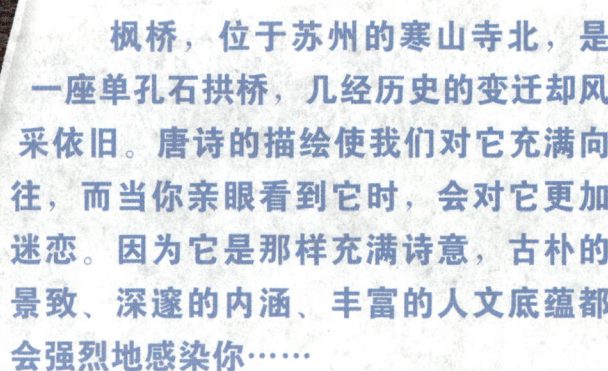

▲ 枫桥的秋天

深秋，满墙干枯的枝丫使建筑物显得更加古朴。

枫桥，位于苏州的寒山寺北，是一座单孔石拱桥，几经历史的变迁却风采依旧。唐诗的描绘使我们对它充满向往，而当你亲眼看到它时，会对它更加迷恋。因为它是那样充满诗意，古朴的景致、深邃的内涵、丰富的人文底蕴都会强烈地感染你……

枫桥书场还有被称为"五古"的寒山古寺、江枫古桥、铁铃古关、枫桥古镇和古运河。这古香古韵的"五古"，就像它们的名字一样，仿佛把人们带回到了那遥远的古代，感受到了历史脉搏跳动的韵律。枫桥古镇，是枫桥旁自然形成的一个古老的小镇，这里民风淳朴，风情独特，古香古色。由于枫桥横跨大运河，车马行人往来比较频繁，这一小小的古镇也便繁华和热闹起来。

枫桥的美在于气质，它犹如一弯皎洁的新月横跨在枫江之上。它的曲线是那么的柔和，韵律是那么的和谐，优美而又多姿，安详而又静谧。枫桥的美，还在于它所蕴含的深厚的文化内涵。自从张继写了《枫桥夜泊》之后，吟咏枫桥的诗篇便不计其数，例如唐代诗人张祜的《枫桥》，也是广为传诵的一首佳作。

如今的枫桥，在岁月质感中，带给人们的不仅是行走往来的方便，而且还带给人们很多美好的回忆。千百年来，凡是来苏州旅游的人，都要到枫桥来追寻一下枫桥的诗情画意，寻找一下当年张继在《枫桥夜泊》中所感受到的那一份宇宙的空旷与寂寥。

今生要去的100个风情小镇

枫桥
Fengqiao

江枫渔火对愁眠

枫桥

其实枫桥只是江南常见的单拱石桥，相传因这里是水陆交通要地，一入夜就封锁，故名"封桥"。后因张继诗而易名"枫桥"。

临水人家窗台前或廊棚、屋檐上的那个属于水乡古镇的梦。昨天的乾隆御道已难再现当年龙舟黄幡的帝王气派，但古镇的魂、老街的魂还在。昨天的桃红已无法再与老街这张布满皱纹的脸相映成趣，但漫步其中，看着这一栋栋的老宅、庭院，直面那些见证了沧海桑田的重脊飞檐、黛瓦蠡窗，自己自然而然地就会释怀。

老街上的那一段廊桥是木渎最富特色的建筑之一，黛瓦覆廊，木桩护栏，待在廊桥内，可任桥外狂风呼啸，大雨倾盆，我自岿然不动。

傍晚的木渎，又回到了宁静。游客散去了，空荡荡的木渎此时就像一位雅致的江南女子，秀丽端庄，不着脂粉，素面朝天。小镇还原到最朴素的生活。胥江河水倒映着两岸灯火，还有那点点渔火、塔灯和天上的星星，胥江竟也灿烂起来了……

旅程随行贴

地理位置：位于江苏省苏州城西、太湖之滨。
最佳旅游时间：四季皆可
必吃美食：❶ 枣泥麻饼：其馅料是将黑枣蒸熟后捣成泥，与芝麻、松仁、瓜子、糖等搅拌均匀后制成。此饼外酥内绵，香甜可口。❷ 鲃肺汤：鱼肝肥嫩，浮于汤面，鱼肉细腻，汤清味美。

Chapter 2 ● 画船听雨眠——梦回水乡

今生要去的100个风情小镇

木渎 *Mudu*

秀绝冠江南

木渎古镇四周群山拱峙，毗邻太湖，既得真山真水之趣，又具小桥流水之幽，更有私家园林、名人故居等众多的人文古迹。给人的印象多是古宅庭院深深，小桥流水悠悠。

走进木渎，站在香溪水畔，古镇的魅力一览无余。河边的杨柳沿河绿荫成行。平板石桥或单孔拱形的桥每隔数百米就能看到。站在桥上，沿河景色，绵延数里的绿荫，错落有致的江南风格的民居，整齐坚实的石驳岸……那水乡特有的风情扑面而来。

木渎之美是独特的，它的春天总是比别处来得早些。木渎之美，在那严家花园的谐趣，也在那虹饮山房的历史厚重感。严家花园的亭台楼阁、小桥流水中处处有历史的痕迹，这里是沉寂的，那是一种远离城市、远离现实的沉寂，似乎不经意间就会碰见一位大家闺秀缓缓走来。

虹饮山房由秀野园和小隐园两处明代园林组成，小隐园曾为一代"刺绣皇后"沈寿故居，秀野园现为木渎圣旨珍藏馆和科举制度馆，内有20道清代圣旨真迹，蝇头小楷，笔精墨妙。园内亭台楼阁，曲桥逶迤，花木扶疏。各园风味迥异，四季轮回，真可谓一园四季，四季一园。

青石与灰砖相间的老街承载的不仅仅是

❶ **严家花园**
严家花园，门对香溪，背倚灵岩，是苏州当地园林之"翘楚"。

❷ **西津桥**
明代建，是木渎古镇体量最大的一座古桥。

▼ **水上人家**
木渎的民居枕水而建，他们的生活也成了水边一道独有的景色。

而镇上最有名的桥是太平桥、吉利桥和长庆桥"三桥"。三座石桥均以小巧见长,古朴典雅,以三足鼎立的姿态互相依伴伫立在古镇中心。据说,从古至今同里人逢喜事有"走三桥"的风俗。他们说,走过太平桥,一年四季身体好;走过吉利桥,生意兴隆步步高;走过长庆桥,青春长驻永不老。所以当地人都很看重"走三桥"。

古桥是同里的一大特色,每个前来古镇参观游览的客人都可以在此看到,这些风格迥异并流传着美丽故事的古桥是如何经受了漫长岁月风风雨雨的侵袭而变得温柔多情起来。它们便是古镇活的历史。

廊下红灯笼
红红的灯笼给古朴的镇子增添了无限的生趣和韵致。

中元桥

锈迹斑驳的中元桥横跨在河道两岸,无言地诉说着小镇古老的过去。

▲ 老街

蔽天的绿荫，干净的砖面，午后的老街宁静安逸，一如千百年来不曾改变过的流水……

依水傍屋，或店铺林立，但都是宁静恬淡的，这种静是一种远离尘世的静，一种超凡脱俗的静，一种真正从心灵上求得平静与快活的静。尽管随着社会的发展，同里的老街也悄悄地发生了一些变化，有些老式的商店装起了霓虹灯，有些石库门的楼屋换上了铝合金门窗，有的被粉刷得亮亮堂堂，有的正在播放着年轻人喜欢的乐曲，但这些变化无损于老街给予每个游人的那份浓浓的风情。老街是同里一条流淌着生活暖流与生命色彩的小河，它的变与不变，都将给古老的小镇带来一种新的希望。

水乡无桥，就如书店无书。河道纵横的同里是由一座座桥串联起来的，而且每一座桥都有自家的韵味。迂回曲直的河道就像缠绕在古镇上的一条条丝带，而一座座风格迥异的石桥则是丝带上一个个美丽的蝴蝶结，连接着古镇的大街小巷，连接着小镇的古代与现代。

在古镇，桥龄最长的桥，要数思本桥。它建于南宋，距今已有700多年，仍岿然不动，屹立在川清水秀的桥港上。最小的桥是坐落在环翠山庄荷花池上的独步桥。此桥桥面总长还不到1米，宽2米，其小巧玲珑，堪称一绝。

今生要去的100个风情小镇

同里 Tongli

太湖明珠

同里隶属于江苏省吴江市，位于太湖之畔，古运河之东，四面临水，八湖环抱，风景优美。镇区被川字形的15条小河分隔成7个小岛，而49座古桥又将小岛串为一个整体。建筑依水而立，以"小桥流水人家"著称。去同里游一次，不能不说是一次心灵的回归。古色古香的店铺，逶迤悠长的街巷，粉墙黛瓦的民居，还有那若隐若现的古桥，迎风拂水的绿柳，无不透着宁静与安详。印象最深的还是同里水，那是一弯悠悠绿水，水活且清，基本上"家家临水，户户通舟"。

因水成街，同里的街道是古老的，大多是明清年间古建筑，给老街披上了一层幽幽深深的神秘色彩。但街上现做现卖的各种香喷喷的小吃，却又会实实在在地告诉你，这里"人间烟火鼎盛"。写着店名的各色小旗在古街上空飘动，一股悠悠古风扑面而来，远远望去，费孝通先生为古街题写的"明清遗风"四个大字，正镶嵌在古朴庄重、高高耸立的大理石门楼上，一种恍若隔世的沧桑感从心底油然而起。这些老街或绿树掩映，或

❶ 雕花门窗

雕花门窗，黑里泛着幽幽的红，古朴而又温馨。

❷ 水边的民居

> "就像古时**出尘入世**的温婉女子，不论尘世如何**烦扰**，在这里，总会在水色清影间流露出几丝**隽秀与淡雅**。"

① 普庆桥
② 停泊的游船
③ 古老的水巷
④ 古长廊

起大的波澜，湖面依旧澄澈，忍不住伸出手去触摸那清凉的湖水。

船穿过几座小桥，所见之处没有雕梁画栋的华贵，这个布衣集聚的地方丝毫没有沾染上皇家之气，朴实简洁得让人想多亲近她一会儿，忍不住想把自己和景色融到一起，并把美景留在记忆里带走。

如果是烟雨朦胧的天气，那这小镇的古韵就更浓了。水巷来往的船是一道流动的风景线，船娘恬美的歌谣，如自然悠远的天籁，置身于其中的人不禁会沉醉不醒。

锦溪的青瓦白墙，在微风、夕阳静静的渲染下，给人留下的是美丽的回忆。锦溪，是你给人带来了美的放松与感受，还是游人为你增添了一道风景线？也许两者都有吧。2000多年的历史文化蕴积的水乡神韵，给人的更是一幅动人心魄的绝妙画卷，人去而心不去！

Chapter 2 ● 画船听雨眠——梦回水乡

十眼长桥

十眼长桥建于明代，造型古朴别致，如蛟龙卧波，为远近水乡所罕见，人称"小宝带桥"，是观湖赏月极佳之处。

锦溪 *Jinxi*

江南闺秀柔如水

　　锦溪离著名的周庄仅8千米的路程，因一条美如流霞的小河"锦溪"贯穿全镇，支流如网，而被誉为苏南的"四颗明珠"之一。

　　午后的阳光给锦溪添了不少的美，透出淳朴和淡泊，连石板路也显得柔和安静，自自在在地走走停停，悠闲舒服的感觉不言而喻。沿着石板路前行，湖里那数十条小船在水中游荡，为湖面增添了和谐的气氛。这湖光美色中，穿着江南特色服装的女子，娴熟地来回划着小舟接送游人，划船溅起的浪花在阳光的照耀下，晶莹剔透。

　　锦溪是离不开水的，其生命也许就是水做的，最引人入胜的也正是它的湖光水色。摇着小船，在水巷中前行，就是一种闲适的心境。那并不曲折的水巷，小船平稳地游弋其中。或许是小巷不太宽吧，船过时竟兴不

❶ 太湖边的农民山庄
农民山庄枕水而建，天圆地方，白墙黛瓦，在蓝天的映衬下，别具一番魅力。

❷ 启园
俗称席家花园，席氏为纪念其祖上在此迎候康熙皇帝而建，为江南少有的山麓湖滨园林。

乘车环公路转一圈可以走马观花地看看雕花大楼、紫金庵等几座建筑，但要游赏明善堂和轩辕宫就不同了。它们坐落在小河边的一条一人宽的弄堂里，小巷七弯八拐，幽深无比。轩辕宫是一栋全是用木头做成的房子，是为祭奠伍子胥而建的。宫内的摆设十分古朴，一进去就看到与兵马俑一样颜色的灰色土物。东山当地居民会主动陪游客参观并为游客讲解。

走出轩辕宫，定神看去，周围的居民慢悠悠地料理日常，丝毫不理会一个个欣喜异常的游客，孩子们也会天真烂漫地在游人间嬉闹穿梭游戏。有时候，一家农户门板上会横着一只大肥猫，只管眯着碧眼，任好奇的游人凑近了给它照相，而没有任何逃避的意思。

走饿了，就随意在路边的饭馆坐下来，品品正宗的"太湖水产"。饭后继续上路，有幸的话，会遇到当地有名的台阁赛会，这原本是每年春暖花开的三四月才会有的活动，但是，现在每到旅游旺季的时候都会举行这样的活动供游人欣赏。这种赛会实际上是戏剧表演和杂耍的结合。主角是一男一女两个小孩子，舞台是一上一下两把吊椅，吊椅固定在一个台阁上，由四个壮汉抬着。主角随着鼓点，边走边演，随着一阵阵锣鼓响起，一只只台阁鱼贯而上。台阁旁边还有一些人，他们擎着长竿，一边护卫台上的孩子，一边用长竿把瓜果等零食递给他们，以示犒劳，总有调皮的孩子把零食抛向人群，引起一阵阵骚动。

今生要去的100个风情小镇

巷子里的民居

古朴幽深的巷子，斑驳的马头墙，午后慵懒的阳光……旧日的辉煌渐行渐远，人们依然安静地过着平凡的日子。

东山
Dongshan
千帆过尽独悠然

潜意识里一直有一种意念，逛古镇一定要有小雨相伴，还要有清风相随。不过，若没有小雨，东山也不会让你失望的。也许是它太美了，不需要那种刻意为之的氛围。

> "日落**如画**，月出**如诗**，
> 惬意的时光，
> 夹在湿润的河风中，
> 氤氲在你**眼前**。"

Chapter 2 ● 画船听雨眠——梦回水乡

镇小河环绕，高高的拱桥是人们步行的通道，机动车根本进不了小镇，这就使得小镇有了外界难得的寂静。看夜景，最好是在河边的茶楼里。沏一壶周庄的阿婆茶，临窗而坐，河风带着湿润的水汽掠过两颊。在阿婆茶的清香里，看着对面客栈旧红的灯笼在风中轻摇，而灯笼下的木窗里，有情侣相对而坐，也有三五友人笑谈，暖暖的灯光，像极了《花样年华》里的温柔。再看河水，水中倒影摇曳，错落有致，偶有小船荡过，河水便在灯光的映照下泛起妩媚的光影。难怪著名画家吴冠中来周庄写生后，感叹"黄山集中国山川之美，周庄集中国水乡之美"。吃口茶，闭上眼睛，二胡清越，昆曲缠绵，悠悠的乡土气息动人心弦。街道寂静，河道哗然，桨声灯影里，船娘吴歌悠扬。

周庄，日落如画，月出如诗，桃花流水，雪裹银装。这里的"钵亭夕照""南湖秋月"，这里的"指归春望""东庄积雪"等，四时"八景"，美不胜收。

周庄是大自然的杰作，自然的聪慧玉成了她的清秀与灵气。她像一朵睡莲，躺在明湖绿水中、吴侬软语里，恬然美梦。我想，应该感谢世俗对她的遗忘，让我们在900年后的今天，仍能看到她古典安静的睡容。是的，周庄是内敛而从容的，如诗人笔下的少女，"心如小小的寂寞的城，恰若青石的街道向晚，跫音不响，三月的春帷不揭，你的心是小小的窗扉紧掩。"周庄，始终美丽着，幽静着。

而在这种幽静从容里，你分明可以看到回忆如沙漏，一点点流入心田。那些渐行渐远的黑白回忆，也在长年射不到阳光的雕花的窗棂阴凉里，慢慢归复平静，却也慢慢鲜明芬芳，夹在湿润的河风中，氤氲在你眼前。

双桥

双桥指位于周庄中心位置的世德和永安两桥,建于明代,两桥相连,样子很像古代的钥匙,又称钥匙桥。

▲ 周庄的夜色

华灯初上，桥与水合而为一，水乡人家的迷人情韵正蔓延开来。

▶ 水上游船

周庄桥桥相望，水船相依，贯穿了水镇的交通，更构成了周庄独有的水乡神韵。

>> Look | 55

富丽的楼阁，是目前江南水乡仅存的桥楼建筑。桥边杨柳低垂。仲春时节，柳絮在风中轻舞飞扬，飘落在船上行人的肩上。在这里，你能真正体会到古诗中"吴树依依吴水流，吴中船楫好夷游"的意韵。

周庄仍有六成以上的民居为明清时建筑。这个仅仅0.4平方千米的古镇，坐落着近百座深宅大院，回环曲折。楼在桥边，窗在水上，粉墙黛瓦，飞檐翼然，墙垣斑驳。深褐的窗棂，雕花的隔屏，玲珑幽暗中却分明透出一份宽广明丽。宅院的门外，可能是一段段青石板路。几百年来，石板早已被人们磨得平整而光滑，散发出幽幽冷冷的光，人影可鉴。下雨时，石板在雨水的冲刷下，像一面面铜镜，映着青黛的屋檐和行人晃动的衣袂。也许，这其中也有一位姑娘，撑着雨伞，带着丁香般的哀怨，梦一般走在雨中。

周庄，最美的应该是它的夜景了。傍晚时分，华灯初上，小镇安静了下来，小

> "优雅而带有古典气息的周庄,集中了中国水乡所有的**旖旎和美丽**,一直是很多人的**梦想之地**。"

今生要去的100个风情小镇

周庄
Zhouzhuang
中国第一水乡

桥是水镇的亮点。14座古桥，桥桥相望，桥桥相连，贯穿了水镇的交通，更构成了周庄独有的水乡神韵。周庄最负盛名的当数双桥和富安桥。双桥联袂而筑，桥面一横一竖，桥洞一方一圆，像极了古代的钥匙，所以又称钥匙桥。1984年，旅美青年画家陈逸飞将双桥画成油画，取名《故乡的回忆》，在美国展出后又被美国人购买并赠送给邓小平。1985年，这幅画经过陈逸飞的加工，被联合国选为首日封图案，从此驰名中外。

富安桥桥楼合璧，四端各有一座飞檐垂角、装饰

▶ **周庄的桥**

周庄的桥，古朴质厚，形异韵重，青龙桥就是其中之一。桥畔树荫青翠，桥下的空舟静静地等待游人，时光仿佛在此时停止了……

Chapter 2

画船听雨眠——梦回水乡

▲ 古镇掠影

悠长的廊子和民居前的景致尽显古朴风韵。

不大的涞滩，由上涞滩和下涞滩组成，上涞滩比下涞滩大很多，主要建筑和人口均集中在此。两滩间相隔咫尺，形似兄妹，一高一低，一上一下，一刚一柔，互为照应。

二佛寺是涞滩最具古韵的景致。据说是因为四川有个世人皆知的乐山大佛，此地不敢再妄为自大，才称二佛的，由此可见涞滩人的谦和随意。二佛寺上殿位于鹫峰山顶，是一座呈四合院布局的院落，十分宏伟壮观。沿其中轴线而上，依次为山门、玉皇殿、大雄宝殿和观音殿。这种次序当然不是简单地罗列，而是井然有序地左右分设社仓、禅房等建筑。

由于傍着渠江，涞滩古寨商贾云集，街市兴旺，是盛极一时的风水宝地。现在二佛寺与涞滩已没有往昔的繁华，但众多的历史人文景观，无一不成为吸引世人眼球的亮点。

"古镇客栈"是镇里唯一的一家客栈，占尽天时地利的优势。站在客栈四楼的天台上，就可以把整个镇子尽收眼底。

夜宿古镇，置身于灯烛满天的市井，耳畔传来滔滔渠江拍岸的浪声，那种"江枫渔火对愁眠"的享受，如陈年的旧酿，经久的芬芳，逐渐地弥漫开来……

涞滩

Laitan

渔火燃波影

回眸一笑百媚生,六宫粉黛无颜色。似乎形容绝色美女比较适用,事实上,对于涞滩,它也同样恰如其分。

靠近涞滩,远远就能看见古瓮城城门。古瓮城是涞滩寨的一景,尽管当年绵延环抱的古城墙已不复存在,但断垣残墙透出的气息也足以让人联想起一个战火连绵的年代。

▼ **涞滩古镇城门**
涞滩古朴的城门上城楼高挑,红灯摇曳,舒适宁静。

旅程随行贴

地理位置：旧称三合场、龙洞场，位于重庆市江津区南部的笋溪河畔。

最佳旅游时间：冬暖夏凉，四季皆宜。

必吃美食：❶ 石板糍粑：采用纯糯米经过泡、蒸、舂、烤四个步骤制成。糍粑在大青石板上烤热后加上黄豆粉、白糖，吃起来口感柔软，细腻香甜。❷ 烟熏豆腐：金黄油亮，吃起来外酥内软，鲜嫩爽口。

▲ 土家吊脚楼
溪边林立的吊脚楼，在岁月的洗礼下越发端庄、宁静。

❶ 笋溪河
小桥流水，古树参天，清澈的笋溪河缓缓流淌，黛色瓦顶蜿蜒岸边。

❷ 售卖纪念品的商铺

>> Look | 47

今生要去的100个风情小镇

中山
Zhongshan
天赐的蓝宝石

　　薄雾中的青瓦屋顶，悠悠流淌的笋溪河，隐匿在半山腰的中山，如半抱琵琶的美女；与美女不同的是，它不需要千呼万唤。轻轻地推开古镇土家吊脚楼上的窗子，川流不息的小河，郁郁葱葱的青竹，端庄质朴的民居，古庄园、古寨、古堡、古寺庙、古桥、古墩，便异彩纷呈地呈现在你眼前，如诗如梦如画……

　　与其说中山是一座古镇，不如说它是一条街更为妥当。一条由北向南长约1000多米的老街，层层递进，其满街建筑几乎都呈遮风避雨不见天日的"封闭式"，因此，这座古镇便具有冬暖夏凉、终年雨不湿脚的特色。古镇人的日子过得极是悠闲，多以手工为生。闲时坐坐茶馆，喝茶、打牌、听戏、摆龙门阵，小日子倒也过得其乐融融。

　　"烟熏豆腐"是古镇人的最爱，也是这里最有名的小吃。烟熏豆腐制作工艺独特，必须用细细的草秆烧成灰，在上面放一块竹子编的小篦子，利用烟的温度将放在上面的白白嫩嫩的大块豆腐慢慢熏至金黄色，然后用一根细细削过的竹签子插好，两面刷上特制的辣椒酱，外焦里嫩，别有一番风味。

　　薄雾晨曦中，站在对面雄浑壮观的巨大河堤上，古镇的全景一览无余：林立的土家吊脚楼，四季长流的潺潺小溪，远处木屋里冒出的袅袅炊烟，以及散落在古街周围迷宫般的古庄园，宏伟的古寺庙，给人一种恍惚感，时间仿佛在这里停滞不前，过往的全都尘封一隅，只剩下祥和与宁静……

①

Look >>

❶ **毛泽东同志住地旧址**
曾是天主教堂神父的房子，红军长征时毛泽东曾在此寄住。

❷ **海螺沟冰川森林公园**
纯净无瑕的世界，好似走进了童话王国。

❸ **木质民居**
绿树掩映下的民居，与大自然融为一体。

　　去海螺沟看冰川，冰洞是不能错过的景观，十几米厚的墙，高高地耸立在冰层上，下部经多年的融蚀，形成了拱圆形冰洞。沿着洞口往里走，可以看到洞内晶莹剔透，并且泛着浅浅的蓝色。脚下，冰卜河在静静流淌，水声叮咚，引人遐想。

　　从冰川下来，你可以去泡露天温泉。躺在温热的泉水中，吸吮着山花的香气，沐浴着透过树影洒落下来的霞光，伴随着冰川河谷的潺潺流水，人仿佛置身于如梦如幻的仙境中，旅途的疲惫立马烟消云散。

　　磨西民族风情淳朴，磨西人热情好客。随着夜晚的来临，他们会为客人们生起篝火，烤起全羊，能歌善舞的藏家姑娘会跳起地道的康巴锅庄。无论你的心灵和眼睛是如何的淡然，但只要围在跳动的篝火旁，喝着甘醇的酒，唱着心中的歌，你会全然忘记自己是身在异乡，忘记所有烦恼，心中，只有音乐和快乐。多少年之后，当你在另外一个地方，当你老了，再一次回想起这夜的篝火、美酒、歌声，你还会为之动容，为之感动。

▲ 磨西天主堂

这座法国传教士修建的哥特式教堂，所传出的钟声已回响了一个世纪。中西文化的交融给古镇增添了别样的情趣。

磨西 千年冰川门户

▲ 露天温泉泳池

躺在温热的泉水中，吸吮山花的香气，如梦如幻。

　　磨西是一个具有悠久历史的古镇，镇内的历史遗存丰富。观音寺内的"定海神针"大杉树，浓荫遮天，枝繁叶茂，是最吸引人的第一奇观。

　　在磨西，不能不去翻越磨杠岭。抬眼，是蓝天白云映衬下的巍巍雪山；远眺，是秀美的田园风光，掩映于郁郁葱葱树丛中的古朴街道。法式教堂建筑、藏式宾馆群、穿斗木质民居，时隐时现，宛如人间仙境。

　　如果说磨西是座默默无闻的小镇，那么海螺沟则可以说是享誉海内外的胜景了。海螺沟冰川地形独特，14.7千米长的冰川，海拔高达3.9千米，冰体在较短距离和较短时间向下移动而不融化，形成了罕见的低海拔冰川。

寨内温度、湿度等。另外，水道宽敞，可以通人，战时可做防御之用。

随着时代的变迁，今天的碉楼已丧失了作为传递战争信息和御敌的用途，但那一面面千年古石墙，30多条迷宫般的巷道，幽暗的暗道，叮咚作响的地下水网，让人感到了一份厚重。高居在高山里的羌寨人家，却如神仙一般悠闲。

走进羌寨人家，屋内的布置古朴而随意，从一楼沿梯而上，二楼的堂屋都为木板铺成，几根柱头支撑着屋顶的重量，周围用木板隔开，成了一间间卧室。在堂屋的上方立着神龛，那是全家人祭祀的地方。堂屋中最重要的地方是火塘，那是温暖的居所。火塘由几块长条的石头组合而成，里面生着万年火，火上架着铁三角，旁边放着几只铁锅、铜壶。只要空闲，一家人就围火而坐，三角上的铁锅吐着热气，火灰里烧着青稞馍，坛里是清香的咂酒，男人们坐于木凳上把酒话桑麻，女人则在一边绣花。

在桃坪羌寨里，你还可以品尝风味别致的羌族餐饮。如果是节日或者是举行婚礼等大型的活动，全村人都会聚在有威望的族人家里，以火塘为中心，饮咂酒，唱山歌，一圈又一圈地跳着莎朗。在你观赏热情奔放的羌家歌舞时，好客的主人还会为你端上醇香的青稞酒。

古朴浓郁的民风，甜甜的羌家祝酒歌，醇香的青稞酒，即使你不是李白，也会飘然若仙，醉意朦胧于这片古朴的土地，不复思返。

▲ 羌寨老者

羌族人虽然居住在防守性的碉楼里，但热情豪爽，且大多能说一口流利的四川话。

旅程随行贴

地理位置： 位于四川省阿坝藏族自治州理县桃坪乡，被称为"东方神秘古堡"。

最佳旅游时间： 5～11月。夏季消暑，秋赏红叶。

必吃美食： ❶ 咂酒：是羌族人民自酿的一种原生态传统特色饮料，也算是一种宴酒，用细竹管吸饮。
❷ 核桃花：由于羌寨地理位置和气候使这里的野生核桃花美味无比，营养丰富，可炒肉、做汤、凉拌。

羌寨碉楼
寨内的巨大碉楼,雄浑挺拔,屹立于比肩连袂的村寨中,与民居合而为一,高低错落。

◀ **晾晒粮食**
到了秋季,家家户户纷纷忙于晾晒粮食。

为便于射击，高大的碉楼每层的四面都有窗口。顶楼设有钟孔，其功能与烽火台有异曲同工之妙，可以在需要时传递消息。

世界上大多数传统的古堡都是设东南西北城门或出口的建筑，而桃坪羌寨以古堡为中心筑成了放射状的8个出口。更不可思议的是，小小的寨子里竟然有31条通道，数目之多，真是让人称叹，而且通道四通八达，沿着通道向前，就能走到自己或他人家里。通道各处都有对外射击的暗孔，一旦战争发生，在通道里既可互相支援，又可埋伏士兵。

自有人类以来，水便是生命之源。走在寨子里，如音乐一样叮咚的流水声总是于不经意间响起，但蓦然寻水，却不见水在何处。寨子的水源自寨内设施完善的地下供水系统，水源引自远处的雪山，经古堡下的暗沟，在寨内形成纵横交错的地下水网。由于寨内的主要通道下面和部分人家房内都筑有暗水道，所以，寨子里的人家用水十分方便，揭开石板就能就地取水。水道不仅方便了生活，也起了其他的作用：消防，调节

❶ 羌寨人家
秋天，寨里人家纷纷忙着晾晒食物，以备冬季食用。

❷ 羌族姑娘
身着艳丽羌族服饰的姑娘，与古朴的民居形成鲜明对比，而越发娇俏。

羌寨古民居

桃坪羌寨是羌族建筑群落的典型代表，寨内黄褐色的石屋顺陡峭的山势逐次上走，或高或低，被称为神秘的"东方古堡"

Taopingqiangzhai
桃坪羌寨
神秘的"东方古堡"

一走进天高云淡的桃坪羌寨，你的视线就会落在那些有着上千年历史、参差交错、古朴神秘的羌族古民居间。远远望去，一片黄褐色的石屋皆顺陡峭的山势逐次上走，或高或低，深深浅浅，迂回于这片建筑中，总有找不到出口的错觉。

桃坪羌寨是最典型的羌族建筑，多"依山而居，累石为室"。桃坪羌寨的著名就是因为这里的泥石建筑，除去"奇妙"两个字，没有其他的词语可以形容。这些坚韧古朴的建筑，不绘图，不吊墨，不画线，全用眼力砌石垒木，工艺精湛，构思独特。

寨中最具特色的莫过于碉楼，座座古碉如宝剑直插云霄，有一种很强的视觉冲击力。

站在9层30米高的羌碉顶楼的平台上，极目远眺，全寨尽收眼底。桃坪羌寨的碉楼，目前仅存两座，一座是陈仕明家的住宅，另一座雄踞在寨子对面的河岸上。

穿过窄窄的门庭，入内则豁然开朗，中堂两旁书有"耕读传家"之客家家训，高大的门槛和厚重的两扇门给人以庄重威严之感，越过门槛，屏墙挡住了堂内风景，屏上的刻画彰显客家人重耕重读之精神，传承"重内涵弃张扬"之家训。绕过屏墙，天井巨大，院内植物众多，人与自然和谐包容体现无遗。但其中最引人入胜的是大殿石柱上的楹联，不仅反映了客家移民异乡艰苦创业的历程，更彰显了其对故土的无限思念之情。

不需迈出庄重的前殿，高低错落的四方斜坡屋顶隔出的狭长天际就会扑进眼帘。如果是雨季，微微细雨中的雕花屋顶和细格木窗、天井的青石板，就会在水光之间，浸映出浓郁的古韵，那种内敛、含蓄，却又深深让人震撼的意境，是现代建筑所无法相比的。

除了会馆外，老街上还有洛带客家民居。洛带客家民居一般分为祖屋和普通民居两大类。大夫第是巫氏家族的祖屋，是洛带镇建筑最早而又保存最完好的客家民居的典型代表。

洛带镇普通客家民居没有大夫第的规模宏大，但清新素雅，为单四合院式，"二堂屋"结构，门外为小晒坝，门内为天井，天井上正中为堂屋。民居的通风和采光都很好，并且冬暖夏凉。门前则大多挖有荷塘，再远处，是竹林和菜地。"欢会酌春酒，摘我园中蔬。"如果你想远离城市的喧哗，想体验一下自得其乐的客家生活，那就不要错过洛带，在高亢嘹亮的山歌中尽情享受宁静淡泊的现实生活。

❶ 古镇老街
洛带古镇是成都近郊保存最完整的客家古镇，文化底蕴非常厚重，行走在古镇中会有一种时间倒流的错觉。

❷ 湖广会馆"客家魂"石碑

洛带 *Luodai*
最是客家古情缘

曲曲折折的青石板街上，具有木门、木窗、木柱、木梁的古老吊脚楼林立，独具韵味的客家话时听时有，空气中似有似无地飘着叶子的味道。洛带，在空灵的烟雨里，湿漉漉地朦胧着，如换了空间的水墨周庄，令人神往。

洛带原名甑子场，据说甑子场内有一池塘，塘中有一八角井，因蜀国后主阿斗不小心把腰带掉入井底而得名。然而，实际上，洛带是以文化味很浓的会馆而声名在外的，精彩悬疑的历史传说是人们为洛带增添的一份颜色。

会馆，一般是旧时异乡客集资修建的，是为同乡人、学子、生意人等解决住宿、提供帮助的庭院会所。这样的建筑，传递的就是浓郁的亲情和温暖，之间又混杂着身在异乡的寂寞，简约、婉转而意蕴深长。其中以广东会馆最为出名。

广东会馆坐落在街容繁华之地，最让人惊叹的是进入广东会馆的那一瞬间，历史的质感一下子就包围了所有感官，使人在时空逆流的错觉中且行且看。整个会馆坐北向南，气势巍峨。主体建筑由戏台、乐楼、耳楼及前中后殿组成，呈中轴线对称排列，复四合院结构，规模宏大，优雅完美。其封火墙建筑风格在四川绝无仅有。

◀ 唐求故里

唐求曾为青城县令，后因看破红尘归隐桑梓，过着诗酒文章的生活。他的诗多以歌山水、怀友人、赞古寺等为内容，深得后人喜爱。

摆放兰花的习惯，兰花几乎成了小镇的镇花，理所当然地，小镇也就有了"兰花之乡"的美誉。

街子也滋养了"一瓢诗人"唐求。唐求是唐代末期蜀州人，曾当过青城县令，后隐居街子场，过着诗酒文章的生活。他每成一诗，就将诗稿搓成纸团，投入葫芦，故有"一瓢诗人"之称。到过街子的人，是不难体会到"诗礼故园、画境兰乡"的诗情画意的。

位于凤栖山密林深处的光严禅院是不能不去的，这养在深闺的"美女"，不曾远行却声名远扬。据说光严禅院始建于晋代，自明代起，光严禅院就已声名在外。缅甸、印度的喇嘛都曾远道而来，竭诚膜拜。明代朝廷赠送光严禅院的《洪武南藏》是这部经典保留下来的唯一印本，重11吨，堪称中华佛门经典之最。古寺也因拥有此旷世珍宝而享"西川第一天"之誉。

看过街子的街道与古寺，你可以选择在"天水归源"听戏，也可以在水木闲庭看山，或者去长春荣喝茶。闲看门前车马闹，坐听寺庙钟鼓声。坐在茶馆，吃着当地的风味名吃汤麻饼、叶儿粑、冻糕、豆腐帘子，品味着齿间留香的清茶，听着远山里的声声木鱼，沐浴着阵阵清风……

>> Look | 37

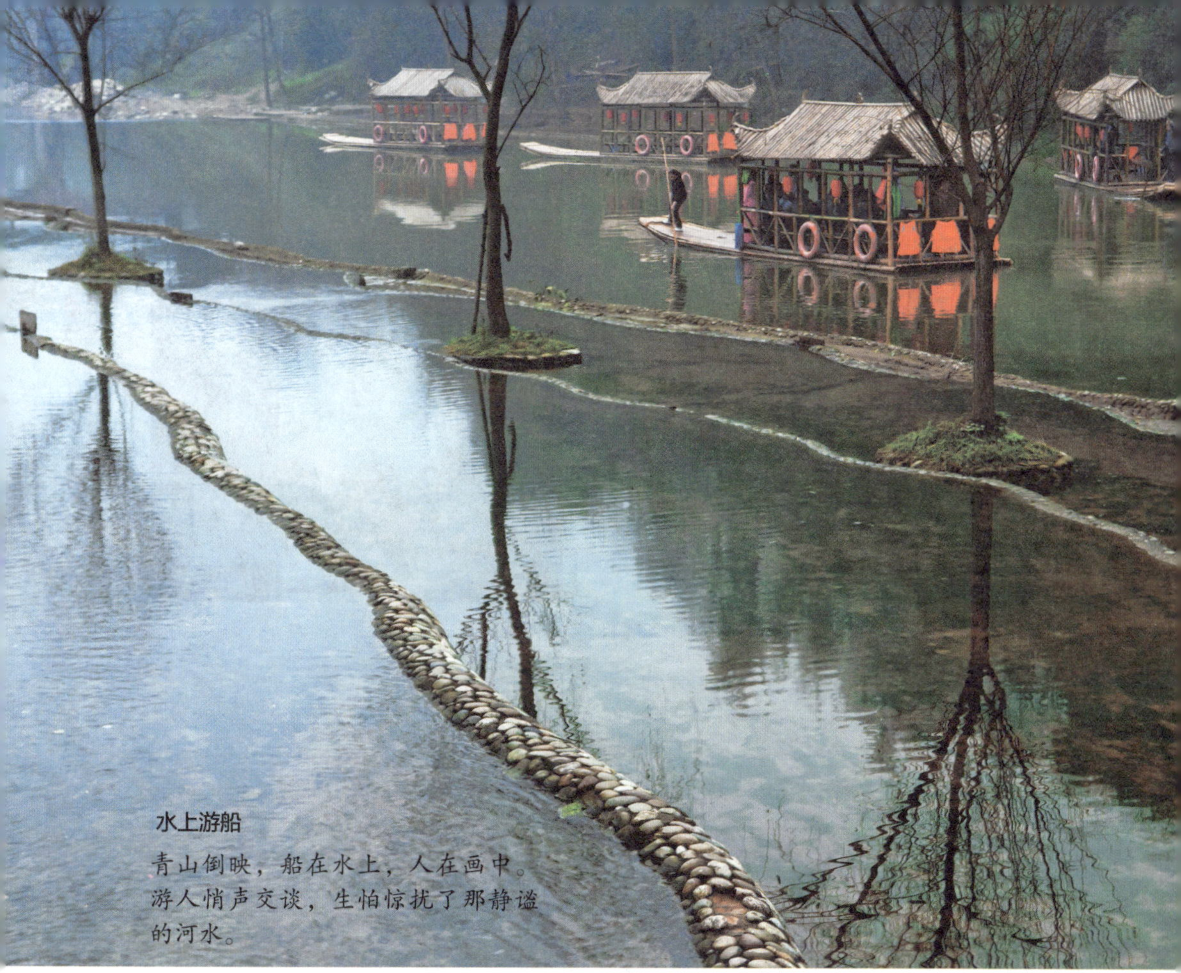

水上游船

青山倒映，船在水上，人在画中。游人悄声交谈，生怕惊扰了那静谧的河水。

街子

天水归源的诗人故里

这里有千亩原始森林，千年银杏，千年古楠，清代古塔，清末民初古建一条街，还有宋代民族英雄王小波起义遗址，唐代"一瓢诗人"唐求的故居。

街子古镇的街与众不同，是最适合怀旧的。至今，这里还保存着一楼一底的10多间清代古民居。青瓦、粉墙、朱檐是街子古镇静态的古韵，这里还水润天成，花香袭人。长久以来，居民们大多有在家门前

❶ 游人在廊桥上赏景
❷ 街子人手工编织的物品

黄龙溪由正街、横街、新街、上河街、下河街、背街、巷子街7条老街组成，这些老街总长1000多米，有着"川西一绝"之誉。古镇的老街中，最为繁华的是顺河岸的千米街道，中间为码头，左右两端各有一座寺庙，镇江寺在上游，古龙寺在下游。两座寺院在日暮晚钟中遥遥相望。

▲ 古镇码头

来到码头，或乘游船随水漂流，或观赏江河两岸的青山倒影，任时光无声地流逝。

夏夜里漫步于老街，很容易被迎面而来的黄果兰香气包围着。不远处，那被烟云笼着的、远远近近的树和房屋，伴着古庙里缭绕的青烟，总让人产生游走于被历史遗忘的岁月里的错觉。古镇上，茶馆随处可见。路两旁、河堤上、竹林里，花枝招展的太阳伞下，"一"字展开的竹台、竹椅及竹凳，成为古镇上不可缺的诱人风景。

"烧火龙"是古镇黄龙溪最驰名、最传统的文化体育活动，有着深厚的历史渊源。据说此活动源于东汉，盛于南宋，之后代代相传。每年正月初二晚上至正月十五元宵，黄龙溪都会举行耍火龙、水龙等娱乐活动。

"谁家见月能闲坐，何处闻灯不看来。"在五彩烟花的绽放中，人们扶老携幼，倾城而出，拥向了街头。于是，小镇就成了欢乐的海洋，到处都是明亮的灯火、欢乐的人群，浓郁而吉祥的节日气氛在小镇经久不散。直到很晚，灯流散去后，夜空里仍有绚烂怒放的烟花不肯消散。

清早，热闹的古镇码头成了最吸引人的地方。放眼望去，远处游船及快艇在河面上游弋，河对岸依稀可见的是疾驰而过的车辆，听到的是河面上快艇疾驰时发动机发出的轰鸣声。河两岸满眼都是青绿欲滴的、叫不出名字的树木和蔬菜，还有竹子，景色如画。如果赶上天空飘细雨，眼前的景物瞬间就会变得迷蒙，古榕、吊脚楼、行人顿时变成了剪影，整个古镇瞬间又幻化成了一幅淡淡的水墨画。

人生得意须尽欢，约三五好友，乘游船随水漂流，或品尝河鲜美味，或观赏江河两岸翠竹婆娑，青山倒影。寒烟如水，古楼如幻；临风把酒，吟诗赋歌。一举多得，何乐而不为？

古镇的老街

青砖青瓦的建筑古老而宁静,红红的灯笼为古街增添了无限生趣。

黄龙溪
Huanglongxi

万般风情集一身

❶ 村寨依山就势而建
❷ 隐在密林深处的寨房
❸ 晾晒在房前的农作物
❹ 五彩斑斓的丹巴藏寨

女,从此之后,墨尔多神山下便成了美女如云的地方。丹巴,因此也有了"美人谷"之称。

丹巴美女的共同特点是轮廓分明,鼻梁挺而有棱,嘴唇丰满,眼睛大而传神,黑黑的眸子里透着澄清与朴实。丹巴美女不施粉黛,天生的冰肌玉肤似乎永远含烟凝碧,丰腴的体态似乎永远婉转有致,劳动的打磨没有使其粗糙、变形,反而增加了健美的必备要素。

丹巴出美女始于汉代的东女国时期。据史书记载,西夏王朝灭亡之时,大批皇亲国戚、后宫嫔妃从遥远的宁夏逃到气候温和、山美水秀、地处横断山脉深山峡谷里的丹巴。因此丹巴美女又多了几分高雅的气质。

这是一个如此神奇的地方,不管是

丹巴藏寨被誉为"中国最美的乡村古镇",几百幢民居依山就势、错落有致地融于自然环境,体现了天人合一的理念。远远看去,充满灵气的山谷中,五彩斑斓的树木掩映下,是那沉甸甸的田地和隐在密林深处的寨房,一幅绝妙的山寨画卷随之展示在你的眼前。

水间嘉绒锅庄的悠悠长调,晒场里丹巴藏戏的古老神秘,古碉下成人仪式的庄重典雅,还是草甸上赛马盛会的粗犷豪放,都让人怦然心动。还有那千百年来迎风而立的碉楼,在历史的沧桑变化中默默地守望……

> 丹巴，阳光流金般灿烂，云天**纯净**而又**热烈**，清澈的江水流过开满野花的草地，闭上双目，**耳畔**送来**自然的气息**。

桃、花椒等树木，疏密有致地自由散落于山谷间的坡地上。远一点平坦的坡地上，种的是青稞、油菜、玉米、土豆等农作物。春天时，油菜花、桃花、梨花会依次盛开，村庄在晨曦、日光、落日的浸染下，美得如大师的丹青画卷。

生活环境和条件及藏传佛教的影响，形成了藏族人对自然的敬畏和原始崇拜。这不仅影响了他们的日常生活，也影响着他们居住的藏楼的结构布局。藏楼顶楼四角砌的白石与玛尼旗就是这种崇拜的产物，飘动的经幡和玛尼旗是藏楼上不可或缺的风景。

更让人称奇的是，碉楼和寨房原本是风格迥异的两类不同性质的建筑，但在这里它们却能错落有致地相融。居高远眺，远处青山如黛，翡翠般的青草绿树，掩映在青草绿树丛中的田地和寨房，以及时隐时现的潺潺溪流，如一幅富有动感的绝妙山寨画卷，徐徐展现，美不胜收，让你窒息。

有人说，丹巴有"三绝"：甲居藏寨、碉楼群、美女。但最让人驻足的还是丹巴美女。传说，许多年前，一只凤凰飞到墨尔多神山，化作万千迷人的美

丹巴境内现存古碉343座，其中以中路乡和梭坡乡最为集中。据考证，现存古碉大致建于500～1000年前。碉楼建筑堪称世界建筑史上的奇迹。丹巴的碉楼，多依山而建，高达30多米，甚至60米。它们外形美观，一般为四角、六角，甚至十三角的高方柱状体，以泥土和石块建造而成，墙体十分坚实。从梭坡到中路，这些巍然屹立的灰黑色高大建筑排列有序，分明的棱角，下宽上窄的造型，让人眼花缭乱。

碉楼不远处是别具风情的藏寨民居，幢幢白色素装的寨楼，或星罗棋布地点缀在山峦起伏、绿荫葱郁的缓坡上，或掩映在青山绿树丛中。远望树丛青翠欲滴，房屋洁白如玉，好像一片绿毯上嵌着的一枚枚精致的珍珠。每一幢藏楼建筑形式都会与其他的稍有不同，色彩艳丽，在高耸的石碉衬托下，远看美丽得如一个个童话故事里的城堡。

藏寨民居一般为石木结构，以家碉为脊修筑成3～5层的碉楼式。底屋均为家畜圈，其上依次为锅庄室、储藏室、居室、经堂及角楼（家碉），其中二、三楼分别有天井和露天大阳台。民居多挑背山面水、向阳避风处而建，一般都是独立小院。苹果、梨、桃、石榴、核

❶ 寨子里迷人的油菜花
❷ 丹巴梭坡古雕楼群遗址
❸ 背靠青山的丹巴
❹ 不施粉黛的丹巴美女

旅程随行贴

地理位置： 位于四川省甘孜藏族自治州东部的丹巴县，也称碉楼寨房，它将寨房与碉楼结合而建，形成了独特的建筑特色。

最佳旅游时间： 4～5月和9～10月。

必吃美食： ❶ 红烧石巴子：石巴子又名雪山鲢鱼，属高原特产。红烧色泽金黄诱人，肉质极为细嫩可口，味道鲜美，只有一根骨头，无鱼刺。❷ 火烧馍：用和好的面包入红糖，表面沾上芝麻，然后擀成圆饼状，放在炉上先用铁板加热，再放入炉内烤。烤熟后香气扑鼻，外脆里嫩，很有嚼劲。

▲ 别具风情的藏寨民居

红白相间的藏式民居，每家屋顶都有一个缩小的碉堡般的房间，房间顶部有四个角，使这些藏式民居看上去就像一顶顶皇冠。

Danbazangzhai
丹巴藏寨
绝美之地出美人

　　来丹巴之前，就听人说丹巴有"千碉之国"的美称，当站在碉堡跟前时，还是被突如其来的震撼击得哑口无言。这里的碉堡太多，太集中了，一座座高耸入穹，如神秘而又古老的感叹号，引人浮想联翩。

▲ 迷人的侗寨风光

大山高处的梯田正盛开着片片油菜花，将山谷中的古寨衬托得格外壮观。

兴的气势所在。

当然，这里也有自己独特的民族特色，这就是踩歌堂活动。踩歌堂是侗族最隆重的活动，未婚的男女个个打扮得像过节似的，都穿着传统的侗族服装。活动开始之前，要放很长一段时间的鞭炮，然后寨中的长者们围坐在摆满祭品的圆桌前，一群年轻的女孩子就围着他们唱歌，外面是一群男子，也要唱歌，唱完之后开始对歌，歌词内容大多是表达对土地的感谢、对丰收的渴望、驱逐邪恶、幸福安康等。活动中间还有一些固定的表演，如果没有专人讲解，外人很难听懂其中的意思。歌声在整个活动中是不间断的，侗族人用嘹亮的歌喉表达着一切可以表达的情感：感激、爱恋、愤怒和悲伤……

人们说，侗族人天生会唱歌。侗族歌大多为多人分声部无伴奏大合唱，相传最初的唱者均未经任何专业训练，只凭天生对音乐的敏感，表达出生活中的各种情感。当数十人合唱时，可以将各种声部和唱法都发挥得淋漓尽致，荡气回肠。依稀记得，2006年的中央电视台青年歌手大奖赛中侗族姐妹的一首《蝉之歌》赢得了大家的喜爱，获得了银奖。如今的侗歌已经走出中国，走向了世界。

肇兴 Zhaoxing
白云生处有人家

肇兴躲在两座大山的夹缝里,很不容易被人发现,只有一条窄窄的公路与外界相连,公路两旁是密密的树林。

进入侗寨,先得走过风雨桥,它还有一个可爱的名字:花桥。与现代的桥相比,它的最大特色是有瓦盖成的顶,能让人们避雨、躲冰雹。而且,桥两边各有一条长凳,供人们休憩。到了晚上你就会醒悟自己的推断还有些偏差:侗族是一个爱歌唱的民族,这种特别的花桥是与歌唱有关的。夜幕降临后,一对对青年男女在桥上对歌,唱得人情意荡漾。与花桥相映成趣的是鼓楼,鼓楼是侗族人的标志性建筑,主要用来举行集体活动,比如祭祀、开会等。肇兴一共有5个鼓楼,有人说,肇兴有5个姓,一个姓一个鼓楼。这5个鼓楼的名字很有意思,分别是智寨鼓楼、仁寨鼓楼、义寨鼓楼、礼寨鼓楼、信寨鼓楼。从名字看,教化作用占的成分更大一些。但是,虽说肇兴的5个姓,一个楼一个姓,但这是对内而言,如果对外,他们则统称姓陆。这些不同的姓,就是不同的房族支系,分别居住在不同的地段。整个寨子就分成5个不同的鼓楼群,远远看去甚是壮观。而全寨的人都抱成一个团儿则正是肇

▼ 侗寨鼓楼

历史悠久、造型美观的鼓楼,是侗寨风光的一大特色,肇兴几乎村村寨寨都有。激湍的水光穿梭于鳞次栉比的吊脚楼间,时而淌过轱轱辘辘的水碾,时而爬上吱吱呀呀的水车,如人类远古时期的生活画卷。

◀ **依山而建的吊脚楼**
村寨的吊脚楼古朴、简单，四周为密林环绕，环境清幽，又不失浓厚的生活气息。

Chapter 1 ● 随意春芳歇——边陲寻梦

▼ **岜沙人的院落**
沿着曲曲折折的小路，走进普通的岜沙人家，那静谧的、淳朴的田园风光，尽你自在流连。

岜沙 *Basha*
最后的枪手部落

在中国，很多的少数民族地区，甚至更偏远的侗乡和苗寨都已不同程度地受了外来文明的影响，但这支名为岜沙的远古苗族支系，却顽强地坚守着自己的古老风俗，被人们称为"最后的枪手部落"。

在岜沙，你真的会见到"枪手"。在这里，年满14岁的男子，身上都扛着火枪，别着腰刀。枪分为长枪和短枪，长枪扛在肩上，短枪别在腰间。一开始看到他们，你一定还有些害怕。然而，山寨里处处呈现出一派安宁祥和的气氛，这些苗族小伙子不会轻易开启他们的武器。这只是很久以前为了防身和保卫家园形成的一种习惯，而且腰间有枪就是英雄的标志。寨里每个人脸上都洋溢着和善的微笑，灿烂的笑脸映着绽开的山花，别样的美丽，这样对着你痴痴地一笑，瞬间转身，只留下远去的背影和你恍然如梦的表情。神秘、圣净、原始，所有的词都不足以表达此时的所见，有如置身于原始部落，时空隧道瞬间将你拉回到数百年前，竟不知自己究竟身处何处。

村寨建在山上，他们的住处也是吊脚楼。这种吊脚楼，富有西南民族特色，楼体一边倚在山边，下部用木柱支撑，从前面看，整个房屋就悬在空中，摇摇欲坠，看得人胆战心惊。

❶ 田间劳作的女人
❷ 肩扛稻谷的岜沙妇女

"吃新节"是岜沙人的情人节。说是情人节，倒不如说是相亲会。这一天的主要活动是荡秋千。午饭过后，岜沙的姑娘穿上漂亮的衣服，三五成群，早早地来到自己的秋千堂。她们奔跑着跳上轻盈的秋千，嬉笑着悠然地荡开来。随后村里的小伙子们赶来，姑娘们立刻顾盼左右，眉目生辉。若一对男女互相有意，他们就会一起荡秋千，秋千荡得越高越久，两人越是情投意合。一对情投意合的情人荡过秋千后会迅即跳下来，手挽着手大大方方地走出秋千堂，去编织他们未来的梦。

"傍晚,隐约传来牛的一两声哞叫,将古镇的那份自然与淳朴,淡薄与从容,漂洗得纹理分明。"

今生要去的100个风情小镇

❶ **青岩古镇**

青岩古镇顺山势起伏，多了几分江南小镇的精致蜿蜒。

❷ **万寿宫**

大门上的彩色浮雕色彩鲜明，雕刻精美。

❸ **青岩古街**

▲ **青岩的冬**

青岩的冬天偶有飘雪，屋顶也白了，别有一番风情。

石墙之间的小巷在一块块的青石板中延伸，穿过一条幽深的小巷，不知不觉来到一条老街，与先前窄小的石巷相比，这条街给人柳暗花明、豁然开朗的感觉。老街没有过多的修饰，就那么自自然然地依着地势的高低起伏而来，很乡土，却浑然天成。

青岩的镇中心有一座基督教堂，这在其他乡间小镇里是不多见的。很难想象在偏居中国西南山隅的这个小镇怎会恍惚之间耸立起这么一座基督教堂。就在这座教堂旁边立着一座纯本土化的赵公祠牌坊。教堂和牌坊，可算是东西两种异质文化的典型代表，这样比肩而立，不知是该嫣然一笑还是该默然沉思。

还值得一去的是这里的赵以炯府第。赵以炯是贵州历史上第一位状元，凡是第一的事物对人们总有着无尽的魅力。踏进这位光绪状元的府第大门，第一眼看到的是门楣上那块木质牌匾上苍劲的"文魁"二字。从门口可以隐约瞥见悬挂在正堂墙壁上的赵以炯画像，时光冲淡往事，只留下泛黄的痕迹。屋内四壁张贴着主人的诗文书画，字迹清晰隽秀。站在门口环顾，古朴的墙瓦，精致的翘檐，迷离的漏窗，沉寂的木雕和剥落了亮漆的桌椅，人们仿佛还可以触摸到这书香府邸的萌动生机。迎着慵懒的夕阳走出府门，回头望，古旧的桌椅在暮晖中依然反射出五彩的纤细光痕，很是夺目……

❶ 巷间古道
青岩每一条静谧祥和的悠长古道都是一个古老的故事。

❷ 深巷里的天空
青岩的天空总是很蓝，就像姑娘的绸带，飘逸悠远。

❸ 定广门
定广门是青岩镇的南门，方块巨石筑就，耸立巍峨。

青岩 Qingyan

梦回吹角连营

青岩距贵阳约有29千米，是一个方圆仅六七平方千米的小镇。和许多并不出名的小镇一样，青岩最引以为傲的是它掂起来让人觉得深沉的历史。悬崖下的厚土里掩藏着明代镇边将士的铁甲，古驿道斑驳的方砖上回响着叮当的马蹄声，路旁不羁的民居、翘檐上朽损的木雕，都顽强地昭示着旧时辉煌的荣光；路边残破的碑石，讲述着段段奇异的往事……不长的路程，仿佛穿越了一个时空隧道。

贵州多山，青岩古镇整体上是顺着山势起伏的，与其他山间小城不同的是，它多了几分江南小镇的精致蜿蜒。这里的房屋很质朴，据说是用一种岩层做成的，平整的岩石表面下像皴墨一样荡出星星点点的斑白，确实很有质感。一溜石墙从面前延伸出去，悠远神秘。

▼ **青岩古镇建筑**

设计精巧、工艺精湛的明清古建筑，画栋雕梁与飞角重檐相间，每一个细节仿佛都有一个悠远的故事。

▲ 青石小路

寨中宽宽窄窄、弯弯曲曲的青石板道经历风雨沧桑，被磨得光亮，在阳光下熠熠闪光。

◀ 寨边的河水

石头寨依山傍水，四周有秀丽挺拔的群山，寨前田连阡陌，寨后绿树成荫。寨边有宽阔的河水，在阳光辉映下，形成一派独特的山村美景。

　　寨中宽宽窄窄、交错纵横的青石板道经历600多年风雨沧桑，人来畜往，每块石头都被磨得如铜镜般光滑明亮，在雨后的阳光里熠熠闪光。不同的是，柔婉江南雨后的青石板路总会让人伤感，让人有淡淡的怅惘，像江南缠绵如丝的春雨，而这里的石板路在勾起你回忆的同时，更以它的粗犷和简约让你感叹历史的沧桑、自然的和谐。

　　相比于这里天成的怪石和光洁的石板路，石头寨的石头民居更能引人入胜。全寨房屋不见一砖一瓦，院墙都是用石头垒就的，四墙只有门和窗是木质的，屋顶上盖着的也是薄木板，层层叠叠，错落而严密。跨过石做的门槛，你会惊叹于布依人对石头的热衷：室内的间隔是石头砌成的，房间里的桌子、凳子是用石头造就的，甚至水盆、饭钵也是用石头打磨成的。然而，因为布依人巧妙的布置，在这个可谓纯石头的国度里，你却不会感到单调和落寞。

　　石头寨，布依族几百年来的"世外桃源"，确是少有外人来到的。而正是这种相对的"封闭"，让我们在今天还能感受到清幽的乡土气息，还能看到奇特的民族风光。

Shitouzhai
石头寨 布依人的"世外石屋"

村寨依山傍水，秀丽宜人；寨后青山挺拔，寨前小河蜿蜒。绿树掩映的盆地中，青白色的石头寨显得古朴而幽静。一进村就可以看到寨前的白水河中怪石磊磊，河水在石头间潺潺而过，激荡起明亮的水花。但这还只是一个前奏，往寨里走，才发现这里围院打堰，水井晒坪，无一不是用石头垒就的。

❶ 石头寨的石头民居
❷ 寨前的石拱桥
石拱桥掩映在青山中如诗似画。

▶ 全副装扮的苗寨母女

Chapter 1 ● 随意春芳歇——边陲寻梦

西江苗寨，那是山谷间的一块盆地，盆地的四壁和缓而温柔，整个凹陷的地段密密匝匝地布满了民房。一片黑顶的中间，间隔着一片黄绿的稻田，又有一片浓绿的树林，像一幅水彩画。

西江苗寨是中国最大的苗寨，一色的原木吊脚楼，确实有磅礴的气派，连缀的吊脚楼一层叠一层，炊烟袅袅，朦朦胧胧。只是，这里的河水少了些。纤细的小河配不上这些层叠的吊脚楼。晴好的日子，阳光将半边天空映成红色，山顶上错落有致的木屋形成一幅剪影，阳光的亮与背光木屋的暗形成了鲜明对比，光线在清雾中破空而来，说不出的夺人心魄……

小镇上许多人家都把自己的房子拿来做生意，这些层层叠叠的吊脚楼，都是用枫木搭成的。枫木楼顺着山势向四周展开，黄昏时分，暗红色的枫木板在夕阳照射下射出一片金黄，整个木屋就像童话世界一样美好。

民族景区总有一些民族节目，苗舞是不能不看的。当看见一群群身着盛装的苗女一路说笑走过的时候，那是有演出了。苗女的服饰繁复非常，硕大的银头饰闪闪发光，裙摆上的挂饰也是琳琅满目。苗舞的节奏非常欢快，起舞时，满身的银饰叮当作响，和着音乐的节奏，铿锵有声。

傍晚的西江，山风阵阵，灯光闪烁，远远望去如同坐落在山谷里的一座布达拉宫，只不过是木质的。清晨的西江，如新沐而出的女子，朦胧而美丽，新鲜的阳光带来新鲜的气息。人们挑水，打柴，吆喝着打招呼，站在门前伸懒腰，一切都像放慢了的镜头，一顿一挫，缓缓前进。

>> Look | 19

今生要去的100个风情小镇

西江苗寨
Xijiangmiaozhai

环佩铿锵，苗家歌舞动地来

层叠错落的吊脚楼

千户苗寨四面环山，重峦叠嶂，吊脚楼层层叠叠，依山顺势直连云天。

而来，似乎可以看见来自远古盐井的井盐以及驮盐的马队、马锅头。两边残旧的古铺悄然耸立在巷道两边，还有那独特的柜台。这种柜台的台面是在屋外，而柜台储藏部分又与屋内相连。看着这些柜台，一股浓浓的商业气息扑面而来，使人不禁想到古时马帮进寨门过巷道的情形。

据说寺登四方街在以前的时候，每隔三天就有一个街市，热闹非凡，而每天往来的天南海北的客商，会在街市前天下午就来到古街投店住宿，晚上则到古戏台看洞经古乐、白族霸王鞭舞、民歌等表演。而如今，每逢民族节日，全镇白族儿女依然会身着节日盛装，弹着龙头三弦，齐聚四方街，在戏台上载歌载舞，其中最为热闹的当数每年农历"二月八"太子会。在沙溪始终流传着没有到古戏台上表演过，就不能称是沙溪人的规矩，可见四方街古戏台在人们心中的位置。

试想一下，春季漫步于红砂石板的古街，看着四方街的铺面和马店，听着沙溪洞经古乐，感受着沙溪古朴、奔腾的气息，那悠然自得的姿态，那份宁静淡远的心境，你我亦成为一幅优美温馨的田园水乡画矣。

❶ 临水建筑
沙溪临水而建的古宅民居错落有致，鳞次栉比。

❷ 沙溪古桥
古桥旁玩耍的淳朴孩童，他们似乎成了桥的一部分。

沙溪坝子风光

站在高处,遥望沙溪坝子,犹如一幅田园风光画徐徐展开:青山环抱,山清水秀,历经百年沧桑而宁静悠远……

寺登四方街戏楼
四方街古色古香的戏台，历经沧桑的洗礼而显得格外迷人。

Chapter 1 ● 随意春芳歇——边陲寻梦

旅程随行贴

地理位置：内蒙古自治区西北部
最佳旅游时间：10月初是观赏胡杨的最佳时间。
必吃美食：❶ 阿拉善烤全羊：经过18道工序最后烤出的羊皮酥脆，羊肉鲜嫩，佐以葱段、酱等，使其更浓更香，别有风味！❷ 蒙古蒸饺：其馅全部为碎肉，绝不掺菜，蒸熟后饺子皮很Q弹，有嚼劲儿。

着流沙的侵袭。

走近最大的胡杨树，就会发现人类的想象力是那样的有限。这棵胡杨树主干虽然只有6米高，但树冠竟有200平方米之广，用遮天蔽日来形容，似乎都有点言不及实。它美艳的树冠造型举世无双，让人惊艳，只有身临其境才能真切地体验到。

在额济纳，胡杨树随处可见，既可以看到生的胡杨，也可以看到整片死去的胡杨。死去的胡杨均在怪树林。走进怪树林就如走进了一个一片狼藉的古战场。那些怪树有的直刺蓝天，有的弯曲盘旋，还有的轰然倒下，但其裸露的枯根都在空中扭曲着。怪树林千姿百态，雄浑悲壮，棵棵怪树如控诉的檄文，如无言的呐喊，在一瞬间，就给你的视觉以强烈的冲击，并如电波一样直入心灵，让人久久难以平静。不论何人走进怪树林，相信走出时，都能深深体会到环境保护的意义。

走出怪树林，大漠边上挂于西天的是将落的夕阳。偌大的夕阳宁静、高远，让人在不经意间体会到了"长河落日圆"的悠然意境。

\>> **Look** |177

附录

有些地方，今生必须要去一次。除此前外，这里还有35个风情小镇、35段美丽旅途，在等你。

黑井
逝去的盐都

地理位置：云南
旅游旺季：9~10月
必看之景：古镇城门、武家大院、大龙祠
当地美食：稀豆粉粑粑、灰豆腐、烧肤

安仁
苍松翠竹的川西坝子

地理位置：四川
旅游旺季：3~6月和9~11月
必看之景：刘氏庄园、仁和正街
当地美食：炸豆腐、牛奶粉子醪糟

福宝
恬静如水的福天宝地

地理位置：四川
旅游旺季：全年
岁月年轮：元末明初时建
必看之景：回龙桥、三宫庙、惜字亭
当地美食：酥饼、豆腐干、油炸糍粑块儿

肖溪
极具明清特色的水运码头

地理位置：四川
旅游旺季：一年四季
岁月年轮：始建于明末清初
必看之景：石板小桥、杨仪宁石室墓
当地美食：粉蒸鲢鱼、大河五指鲫鱼、黄花鸡

上里
美丽的小丽江

地理位置：四川
旅游旺季：6~10月
岁月年轮：建于明兴于清
必看之景："双节孝"石牌坊、舍利塔、清代立交桥
当地美食：甜水面、凉面、春卷

夕佳山
千鸟归林之地

地理位置：四川
旅游旺季：5~8月
岁月年轮：此宅在明万历间由一席姓人家所建，所早称"席家山"。
必看之景：古代民居建筑
当地美食：鹅肉干、豆腐干

| 图说天下·国家地理系列 |

今生要去的100个风情小镇

逢简
石桥流水舟自横

地理位置：广东
旅游旺季：四季之中，阴晴变化，每天都有不一样的逢简。
必看之景：御赐金桂、明远桥、小沙岛、宗祠
当地美食：南乳花生

苏家围
南中国画里乡村

地理位置：广东
旅游旺季：四季温暖湿润，都适合旅游。
必看之景："府第式"围屋、苏公祠
当地美食：客家擂茶、山水豆腐花、绿豆冰糖水、凉粉

张壁
明修栈道，暗度陈仓

地理位置：山西
旅游旺季：5~10月
必看之景：古堡地道、宫殿庙宇、鱼形巷、孔雀琉璃
当地美食：玉米面甩蛋蛋

室韦
具有俄罗斯风情的边陲小镇

地理位置：内蒙古自治区
旅游旺季：一年四季
必看之景：自然风光
当地美食：列巴、俄罗斯酸黄瓜、鱼子酱、自酿的红豆酒

阆中
巴蜀佳话

地理位置：四川东北部
旅游旺季：3~11月
岁月年轮：早在公元前314年即已设县，历史达2300多年。
必看之景：阆中古城、张飞庙、锦屏山
当地美食：张飞牛肉

附录

水源头村
留恋于时光去来

地理位置：广西
旅游旺季：四季宜人，热情洋溢的秋天最佳。
必看之景：清溪、古树、老屋、古银杏树
当地美食：酿豆腐、家酿蛋角、红烧银杏鸭子

赤坎
中西合璧的文化古镇

地理位置：广东
旅游旺季：10～12月间气候最佳。
岁月年轮：建于清顺治年间。
必看之景：欧陆风情街、骑楼
当地美食：薄荷鸡、白切鹅

钱岗
纵横交错的"迷宫村"

地理位置：广东
旅游旺季：春、夏、秋。冬季微冷，去时要穿大衣。
必看之景：宋明遗风的古建
当地美食：糯米糍荔枝

石浦
海钓天堂

地理位置：浙江
旅游旺季：夏季
必看之景：石浦渔港古城、中国渔村、东门渔村、渔山列岛
当地美食：石浦鱼糍面、夹沙糕

梅林
怪楼怪事

地理位置：福建
旅游旺季：气候宜人，四季皆可。
岁月年轮：历史悠久，至今已有600多年。
必看之景：和贵楼、怀远楼

爨底下村
北京地区的"布达拉宫"

地理位置：北京
旅游旺季：夏季
岁月年轮：明代由山西洪洞县大槐树下移民而来。
必看之景：影壁、四合院、门楼

安昌
社戏声里的祝福

地理位置：浙江
旅游旺季：春、夏、秋之际，春季尤其美。
岁月年轮：始建于北宋。
必看之景：老商业街、石雕馆、城隍殿
当地美食：腊肠

前童
蛾眉淡扫颜如画

地理位置：浙江
旅游旺季：四季皆宜。夏季偶有台风登陆。
岁月年轮：始建于南宋末年。
必看之景：明清古建、童家祠堂、大夫第宅
当地美食：前童香干、霞客饼

流坑
岁月泼墨

地理位置：江西
旅游旺季：春、冬季
岁月年轮：始建于900年前后，历经千年岁月。
必看之景：状元楼、文馆
当地美食：流坑宸肉

瑶里
瓷色茶乡

地理位置：江西
旅游旺季：一年四季
岁月年轮：建于西汉末年，迄今已有2000多年的历史。
必看之景：徽派古建筑、汪湖原始森林
当地美食：野洋姜

潜口
古民居博物馆

地理位置：安徽
旅游旺季：景色以春、夏、秋最美。
必看之景：徽州古建、石牌坊、方观田宅
当地美食：鲶鱼锅仔、葱油水鱼

张谷英村
同在一片屋檐下

地理位置：湖南
旅游旺季：四季皆宜
必看之景：明清建筑、廊桥
当地美食：张谷英豆腐乳、古村腊肉